복음대로 삶 시리즈
Humility

겸손
나를 내려놓는 기쁨

Humility: The Joy of Self-Forgetfulness, Growing Gospel Integrity series
by Gavin Ortlund

Copyright ⓒ 2023 by Gavin Ortlund
Published by Crossway, a publishing ministry of Good News Publishers
Wheaton, Illinois 60187, U.S.A.

This Korean edition copyright ⓒ 2023 by Word of Life Press, Seoul, Republic of Korea.
Published by arrangement with Crossway through rMaeng2, Seoul, Republic of Korea.

All rights reserved.

이 한국어판의 저작권은 알맹2를 통하여 Crossway와 독점 계약한 생명의말씀사에 있습니다.
신저작권법에 의하여 한국 내에서 보호받는 저작물이므로 무단 전재와 무단 복제를 금합니다.

겸손, 나를 내려놓는 기쁨

ⓒ 생명의말씀사 2023

2023년 12월 20일 1판 1쇄 발행

펴낸이 | 김창영
펴낸곳 | 생명의말씀사

등록 | 1962. 1. 10. No.300-1962-1
주소 | 서울시 종로구 경희궁1길 6(03176)
전화 | 02)738-6555(본사)・02)3159-7979(영업)
팩스 | 02)739-3824(본사)・080-022-8585(영업)

기획편집 | 유영란, 유하은
디자인 | 박소정
인쇄 | 영진문원
제본 | 보경문화사

ISBN 978-89-04-16858-3(04230)
      978-89-04-70099-8(세트)

저작권자의 허락 없이 이 책의 일부 또는 전체를
무단 복제, 전재, 발췌하면 저작권법에 의해 처벌을 받습니다.

겸손
나를 내려놓는 기쁨

인생을
더욱 다채롭게 만들
겸손의 가르침

개빈 오틀런드 지음 | 이지혜 옮김

생명의말씀사

겸손은 기쁨이 되어
널리 퍼져 나간다는 것을
삶으로 몸소 보여 주신
나의 할아버지
레이 오틀런드 경을 추모하며

추천사

"언젠가 성 아우구스티누스는 기독교의 최고 덕목 세 가지를 '겸손, 겸손, 그리고 겸손'이라고 조언했다. 온전히 겸손할 때 비로소 다른 모든 성령의 열매가 제자리를 찾기 때문에 이렇게 말하지 않았나 생각한다. 우리 눈에 우리가 더 작아질수록 그리스도는 더 크게 보인다. 그래서 저자는 이 멋진 책에서 겸손에 대해 설명할 뿐만 아니라 겸손을 더 갈망하는 방법을 알려 준다. 나는 이 책을 적극 추천한다."

스캇 솔즈(Scott Sauls), 테네시주 내슈빌 그리스도장로교회 담임 목사,
『아름다운 사람은 저절로 만들어지지 않는다』 저자

"겸손한 사람은 현실주의자이고 현실주의자는 겸손한 사람이라면(실제로 둘 다 그렇다.), 저자의 간단명료한 이 책은 우리가 자아정체성에 대한 (지나치게 높거나 낮은) 망상에서 깨어나도록 돕는다. 그리고 그리스도적 현실주의의 다림줄에 맞추어 우리 삶을 건설하는 데 실제적인 도움을 준다. 사려 깊게도, 저자는 우리가 그저 겸손을 이해하는 것만이 아니라 그것을 추구하고 경험하고 느끼고 심지어 누리기를 원한다. 저자는 처칠과 루이스, 켈러, 웨슬리, 에드워즈, 아퀴나스, 키드너, 텐 붐, 아우구스티누스, 스펄전 등의 주옥같은 글을 인용하고, 복종이라는 두려운 개념까지 솔직하게 다루면서, 우리로 하여금 오해에서 벗어나 진실한 사랑으로 나아가도록 인도한다. 이 책을 읽게 되어 정말 기쁘다."

샘 크랩트리(Sam Crabtree),
미네소타주 미니애폴리스 베들레헴침례교회 목사,
『감사의 기술』 저자

"오늘날 고압적인 기독교 목회 현장에서는, 그리스도께서 보이신 모범에 반하는 태도를 보이기가 너무나 쉽다. 자부심은 때로 하나님 나라 확장의 필수로 요소로, 겸손은 극복해야 할 연약함으로 비칠 때도 많다. 저자는 통찰력 넘치는 이 책을 통해 겸손이 예수님의 길이자 그분의 종들에게 주어진 유일한 현실적인 선택지임을 상기시킨다. 우리 시대에 절실히 필요한 책이다."

브라이언 브로더슨(Brian Brodersen),
캘리포니아주 산타 아나 갈보리채플 코스타메사 목사

"때에 알맞은 책이 있고 시대를 초월하는 책이 있는데, 다행스럽게도 개빈 오틀런드의 신간 『겸손, 나를 내려놓는 기쁨』은 둘 다에 해당한다. 허세와 자만이 넘치는 사회에서 저자는 겸손의 아름다움과 자유를 보여 준다. 이 겸손은 단순한 친절이나 다정함, 민폐를 끼치지 않는 성품이 아니다. 구원의 DNA를 품은 복음, 성육신하신 예수님의 심장 박동, 은혜의 풍성함을 잘 아는 마음과 성령님이 교회에 창조하신 문화다. 설득력 있고 매력적이며 생명을 주는 가르침이 아닐 수 없다."

스코티 스미스(Scotty Smith),
테네시주 프랭클린 그리스도커뮤니티교회 명예 목사,
테네시주 내슈빌 웨스트엔드커뮤니티교회 상주 교사

"자기 창조와 자기 홍보 시대에, 이 책은 리셋의 역할을 한다. 자신의 이미지와 결과물을 만들어 내야 한다는 것은 우리에게 큰 부담이다. 우리는 자신의 가치를 증명하고 타인에게 설명해야 한다는 강박도 느낀다. 저자는 이런 우리에게 자기 홍보가 아니라 자신을 내려놓는 것이 우리를 기쁨으로 이끌어 준다는 사실을 일깨운다. 그는 겸손이 주는 안도감과 하나님의 선하심과 긍휼하심을 인격적으로 알 때 따라오는 위안을 잘 보여 준다. 자신을 맨 앞줄 정중앙에 드러내야 한다는 압박감을 느끼며 살아가는 시대에, 이 책은 그 대신 예수님 안에 숨으라며 우리를 바로잡고 따뜻하게 권한다."

젠 오시맨(Jen Oshman),
Enough about Me, *Cultural Counterfeits* 저자

Humility
contents

시리즈 서문 _11
머리말 _15

서론: 우리가 겸손을 오해하는 이유 _19

Part 1   겸손한 사람이 되려면

1. 복음이 정의하는 겸손 _31
2. 복음이 키우는 겸손 _41
3. 자만을 없애는 열 가지 방법 _55

Part 2   겸손한 교회가 되려면

4. 겸손한 리더십: 자유의 문화 만들기 _75
5. 동료 사이의 겸손: 시기심과 경쟁심 극복하기 _87
6. 리더를 향한 겸손: 순종의 참뜻 이해하기 _103

결론: 겸손의 시금석인 기쁨 _117

부록: 겸손한 소셜 미디어 사용법 _123
주 _131

시리즈
서문

복음대로 사는 삶은 오늘날의 교회에 가장 중요한 필수 요건이다. 이 온전함은 진리의 복음에 우리의 머리와 가슴과 삶을 완전히 일치시키는 것으로, 도덕이나 정통 교리보다 더 필요하다.

사도 바울은 빌립보서 독자들에게 복음의 백성답게 살라고 호소하면서 복음대로 사는 삶이 무엇인지 그 네 가지 특징을 제시한다.

첫째, "너희는 그리스도의 복음에 합당하게 생활하라"(빌 1:27a). 즉 복음의 백성은 복음에 **합당한** 삶을 살아야 한다.

둘째, "한마음으로 서서 한 뜻으로 복음의 신앙을 위하여 협력"(빌 1:27b)하라. 달리 말하면, 복음대로 사는 삶은 함께 **연합하는** 신실한 태도를 요구한다.

이 두 가지 태도에는 "고난"과 "싸움"(빌 1:29-30)이 뒤따른다. 그래서 바울은 셋째로 "두려워하지 아니하"(빌 1:28a)도록 당부하면서 이런 **용기**가 분명한 "구원의 증거"(빌 1:28b)라고 설명한다.

마지막으로 넷째, 바울은 이렇게 말한다.

"그러므로 그리스도 안에 무슨 권면이나 사랑의 무슨 위로나 성령의 무슨 교제나 긍휼이나 자비가 있거든 마음을 같이하여 같은 사랑을 가지고 뜻을 합하며 한마음을 품어 아무 일에든지 다툼이나 허영으로 하지 말고 오직 겸손한 마음으로 각각 자기보다 남을 낫게 여기고"(빌 2:1-3).

이처럼 바울은 **겸손** 없이는 그리스도인의 진정한 온전함이 불가능하다고 분명히 밝힌다.

'복음대로 삶' 시리즈의 목적은 바울의 복음주의적 요청, 곧 복음에 **합당하게, 연합하여, 용기 있고, 겸손하게** 살아가라는 요청을 다시 되새기는 것이다. 하지만 우리는 이 네 가지 특징이 추상적인 도덕적 자질이나 덕목을 뜻하지 않는다는 사실을 기억해야 한다. 바울이 뜻하는 바는 **복음대로 사는 삶**의 매우 구체적인 특징과 모습들이다. 이처럼 이 시리즈의 책들은 어떻게 복음이 우리 안에 있는 이러한 자질을 북돋우고 형성하는지를 당신에게 보여 줄 것이다.

이 작은 시리즈를 통하여 하나님이 영광 받으시고, "주 예수 그리스도의 은혜가 여러분의 심령과 함께 있기를"(빌 4:23, 새번역 성경) 기도한다.

'복음대로 삶' 시리즈 기획자
마이클 리브스(Michael Reeves)

머리말

　겸손에 관한 책을 쓰는 것은 어떤 느낌이냐고 누군가 내게 천진하게 물었다. 나는 윈스턴 처칠(Winston Churchill)이 정적을 가리키며 말한 유명한 재담이 떠올랐다. "그는 겸손한 사람입니다. 하긴 매사에 부족하니 겸손할 수밖에요!"[1)]

　이 책을 쓰기 위해 내가 갖춘 유일한 자격이 이것이다. 나는 매사에 부족해서 겸손할 수밖에 없다! 그런데 이 겸손은 아주 아름답고 놀라워서 우리가 깊이 생각하고 추구하지 않을 수 없다. 마치 산소처럼 말이다. 겸손은 우리를 회복하고 정상으로 되돌린다. 잘 자는 것이 몸에 좋은 것처럼, 겸손은 우리 영혼에 좋다.

　이 책을 시작하며, 우리가 올바른 방향으로 나아가도록 도와줄 이미지를 함께 떠올려 보자. 다음의 이미지를 떠올리며 무언가에 대해 진심으로 **경외심**을 갖는 것은 어떤 느낌일지 생각해 보라. 너무나 작은 우리는 별이 가득한 광대한 밤하늘을 우러러보면서 엄청나게 광활한 우주에 압도되었을 때 어떤 감정을 느낄까? 그 감정(경이로움, 황홀함, 무아지경)의 미묘한 어감을 생각해 보자. 그것은 우리가 살면서 느끼게 될 가장 멋진 감정 가운데 하나일 것이다.

겸손은 그러한 감정으로 가는 통로다. 겸손은 온갖 상황 가운데에서도 끊임없이 우리를 그 멋진 감정으로 이끌 것이다.

세상은 우리의 경외심을 불러일으키는 것들로 가득 차 있다. 구름의 대형, 개미들의 움직임, 수학의 방정식, 그리스도께서 이 땅에 오셨을 때부터 계속 살아 있는 나무, 아기가 자궁에서 자라는 과정, 사무실 칸막이 너머에서 일하는 사람의 이야기 등 흥미를 잃은 주체가 있을 뿐 흥미롭지 않은 대상은 없다. 우리 주변에 있는 것들에 대해 놀라움으로 감사하며 살지 않을 이유가 없다. 겸손이 부족하지만 않다면 말이다.

겸손은 현실에 대한 민감함이다. 그래서 우리 주변을 둘러싼 경이로움에 우리를 눈뜨게 한다. 우리의 편협한 자아를 외부라는 거대한 바다, 궁극적으로는 하나님께 향하게 한다. 이렇듯 겸손은 모든 상황에서 기쁨과 번영, 생명 그 자체를 얻는 비결이다.

나는 사람들이 겸손을 이해하고 추구하는 데 도움을 주고자 이 책을 썼다. 특히 그리스도인을 위한 책인데, 4장은 목회자와 교회 지도자를 염두에 두고 썼다. 그렇지만 누구라도 그 내용에서 도움을 얻기를 바란다. 책의 전반부에서는 개인의 겸손에 대해 생각해 보고 후반부에서는 교회라는 맥락에서 겸손을 다룬다. 종합해서, 이 책의 목표는 겸손의 한 가지 구체적인 특징, 곧 우리를 기쁨으로 되돌리는 겸손의 능력을 이해하는 것이다.

작가로서 함께 일할 수 있는 즐거움을 선사한 크로스웨이의 저스틴 테일러(Justin Taylor)와 팀 전체에 특별히 감사를 전한다. 모두 전문성이 넘치고 정중하며 너그럽고 업무에 무척 능숙하다. 그레그 베일리(Greg Bailey)의 예리한 편집 조언 덕분에 책이 여러모로 나아졌다. 이 멋진 시리즈에 동참할 수 있도록 권해 준 마이클 리브스에게도 고마움을 전한다. 집필 과정에 도움과 격려, 우정을 보여 준 앤드루 월게머스(Andrew Wolgemuth)에게도 감사한다. 그리고 그 누구보다도, 지난 몇 년간 좋은 친구가 되어 준 에스터(Esther)에게 고맙다. 시편 27편 13-14절 말씀을 당신은 이해할 것이다. 믿음을 포기하지 말라.

개빈 오틀런드

서론

우리가 겸손을 오해하는 이유

우리는 대개 겸손이 약간 따분한 덕목이라고 생각한다. 그리고 겸손이 필요하다는 것은 알지만 그다지 재미있을 거라고 기대하지도 않는다.[1]

어떤 중고등부 모임에서 들었던 겸손에 관한 이야기가 기억난다. 강사는 마지못해 주저하며 입을 열었다. "이 주제가 별로 마음에 들지 않겠지만 그래도 이야기를 나누어야 합니다."

사람들은 겸손이 중요하지만, 전적으로 의무로서만 그렇다고 생각한다. 마치 세금을 내거나 치과에 가는 일처럼 말이다.

그런데 흥미롭게도 C. S. 루이스(C. S. Lewis)는 정반대로 주장했다. "잠시 그[겸손] 근처에만 접근하는 것만으로도 마치 사막에서 시원한 냉수를 한 모금 들이키는 것처럼 얼마나 시원한지 모릅니다." [2] 팀 켈러(Timothy Keller)도 비슷한 내용을 가르쳤다. "겸손보다 편한 것은 없다." [3] 켈러의 설명처럼 자만심은 매사에 투덜대지만, 겸손은 삶을 선물로 기쁘게 받아들인다.

그러니 아마도 우리가 단단히 오해했던 것 같다. 우리는 겸손을 굉장한 부담으로 생각하지만 실제로는 깃털처럼 가볍다. 인생을 우울하고 단조롭게 만드는 것은 자만심이며 겸손은 인생을 다채롭게 만든다.

겸손에 관한 오해

우리는 왜 겸손을 오해할까? 나도 다 아는 것은 아니지만, 우리가 겸손이 무엇인지 잘 모르기 때문이지 않을까 생각한다. 겸손은 아마도 가장 오해받는 덕목일 것이다. 아래에서 그 세 가지 오해를 구체적으로 살펴보자.

오해 1. 겸손은 감추는 것이다

겸손은 재능이나 능력을 감추는 것이 **아니다**. 당신이 반 고흐처럼 그림을 그린다면, 겸손은 그 작품을 지하실에 숨겨 두라고 하지 않는다. 당신이 시속 150킬로미터로 공을 던진다면, 벤치에 앉아 코치에게 그 사실을 절대 말하지 말라고 하지 않는다.

루이스의 고전 『스크루테이프의 편지』(The Screwtape Letters)를 보면, 한 악마가 다른 악마에게 이렇게 말한다.

원수[하나님]가 원하는 건 인간이 세상에서 가장 좋은 교회를 설계한 후, 그것이 가장 좋은 교회라는 사실을 알고 기뻐하는 거야. 다른 사람이 설계했을 때보다 더하지도 덜하지도 않은 기쁨으로 말이지. 원수는 결국 인간이 자신에게 유리한 편견으로부터 자유로워져서, 이웃이 가진 재능을 볼 때와 똑같이, 해 뜨는 광경이나 코끼리나 폭포수를 볼 때와 똑같이, 자신의 재능 또한 솔직하고도 감사한 마음으로 기뻐할 수 있기를 바라는 거다.[4]

루이스가 옳다면, 자기 재능을 부정한다고 해서 겸손한 것은 아니다. 오히려 정반대다. 이러한 부인은 여전히 스스로에게 몰입해 있으면서 자신은 다른 사람과 전혀 다르다는, 스스로에게 유리하거나 불리한 편견에 사로잡힌 상태이기 때문이다. 겸손이란 이런 갈망과 자기 기준의 틀이 사라지는 것을 뜻한다. 또한 세상의 다른 모든 좋은 것과 더불어 자신이 세상에 기여한 것을 소중히 여기는 자유를 뜻한다.

당신이 어떤 질병의 치료법을 개발하는 연구진의 일원이라고 하자. 당신은 치료법을 찾는 데 25퍼센트 정도 기여하는 발견을 했다. 그리고 나서 다른 의사가 남은 75퍼센트에 해당하는 또 다른 발견을 했다. 겸손이란 당신의 성취에 기뻐하고 그것에 대해 자유로이 말할 수 있으면서도, 동시에 동료의 노력에 기꺼이 세 배로 기뻐할 수 있다는 뜻이다.

그런 사람이 되는 것은 부담이 아니라 기쁨과 자유다.

오해 2. 겸손은 자기혐오다

겸손은 자기혐오나 자기 무시, 자벌이 **아니다**. 성경은 절대 "너 자신을 혐오하고 네 이웃을 사랑하라."라고 하지 않는다. "네 이웃 사랑하기를 네 자신과 같이 사랑하라"(레 19:18)라고 한다. 실제로 (자살이 살인의 일종인 것처럼) 자기혐오는 타인 혐오만큼이나 큰 죄다.

음악가 앤드루 피터슨(Andrew Peterson)은 "자신에게 친절하세요"(Be Kind to Yourself)라는 무척 사랑스러운 곡을 만들었다. 그러나 몇몇 사람에게는 자신에게 친절하라는 말이 의아할 수도 있다. 솔직히 말하면 이런 생각은 종종 오해를 낳기도 한다. 예를 들어 우리는 자신을 사랑하는 것과 방종을 반드시 구별해야 한다. 여기에 자신을 돌보고 진정으로 자신에게 관심을 갖게 할 방법이 있다. 이 건전하고 좋은 방법은 궁극적으로 당신이 다른 사람들에게 훨씬 더 필요한 사람이 되게 할 것이다. 내가 상담 과정에서 자주 말하듯이, 스스로를 돌보는 것은 이기적인 행동이 아니다.

우리 사회에는 수치심과 열등감, 낮은 자존감으로 힘들어하는 사람이 많다. 우리는 이러한 감정을 겸손의 목표와 확실히 구분

해야 한다. 겸손은 당신에게 무엇을 요구하든지 간에 하나님의 형상을 닮은 당신의 존엄성을 빼앗지는 않을 것이다.

겸손한 사람들은 지속적인 관심을 필요로 하지 않지만, 그렇다고 주목받는 것을 딱히 **신경 쓰지도** 않는다. 겸손한 사람들은 아첨이 필요 없지만, 칭찬은 진심으로 받는다. 이런 사람들은 스스로를 끊임없이 위축시키지 않는다. 이들은 경쾌한 걸음으로 모임 장소에 들어가, (꼭 그래야 하는 것이 아니더라도) 다른 이들에게 도움이 되기 위해 자신의 존재를 드러낼 수 있다.

다시 말하지만, 그런 겸손한 사람이 되는 것은 부담이 아니라 기쁨과 자유다.

오해 3. 겸손은 나약함이다

겸손은 나약함이 **아니다**. 사람들은 종종 이렇게 생각한다. '겸손한 사람들은 내가 마음만 먹으면 휘두를 수 있는 사람들이야. 그들은 자신을 굉장히 하찮게 여기기 때문에 반박도 못해.'

하지만 사실은 어김없이 정반대다. 실제로 겸손은 우리 자아를 제한하는 욕구(대장 노릇을 하고픈 욕구, 멋지게 보이고픈 욕구, 자신을 방어하고픈 욕구 등)로부터 우리를 해방시키고 용기와 회복력을 불어넣는다. 그래서 대체로 겸손한 사람은 어떤 주제에 대해 자신의 생각을 말할 수 있는 건강한 능력을 가지고 있다. 이들은 자존감과 자기 평가라는 끝이 없는 부담에 마음을 빼앗기지 않는다.

겸손은 동기를 부여하여 힘을 길러 주기도 한다. 자의식과 자기방어에서 벗어난 상태만큼 당면한 문제에 제대로 집중할 수 있는 때도 없다. 그 결과, 겸손한 사람들은 생산적이고 부지런한 경향이 있는데, 대개는 생산성과 근면에 대해 생각조차 하지 않는다.

그래서 다시 말하자면, 겸손은 부담이 아닌 기쁨이다. 이는 마치 무언가의 작동 원리를 발견하는 기쁨과 같다(당신이라는 '무언가' 말이다).

겸손이란 나를 내려놓음으로 기쁨에 이르는 것

자, 이제 겸손이 아닌 것은 무엇인지 느낄 것이다. 그렇다면 겸손이란 정확히 무엇일까?

루이스에 이어 켈러도 자신을 내려놓는 것이 겸손이라고 말한다. 이는 자신을 하찮게 생각하라는 말이 아니라, 자기 생각을 덜 하라는 말이다.[5] 자기 은신, 자기혐오, 자기방어 등 온갖 종류의 자기 집착 형태가 있지만, 겸손은 우리를 자기 생각에서 완전히 벗어나도록 이끈다.

루이스는 다시 한번 우리에게 도움의 말을 건넨다.

만약 여러분이 정말 겸손한 사람을 만난다면 '요즘 사람들이 흔히 겸손하다고 말하는 그런 사람이겠지'라고 생각지 마시기 바랍니다. 그는 "저야 정말 부족한 사람이지요"라는 말을 늘 입에 달고 다니는 느끼하고 역겨운 사람이 아닐 것입니다. 아마도 그가 주는 인상은, 여러분이 그에게 무슨 말을 하든지 진지한 관심을 가지고 들어주는 쾌활하고 지적인 사람이라는 것이 전부일 것입니다. 만약 그에게 호감이 생기지 않는다면, 인생을 너무 쉽게 즐기는 것처럼 보이는 데 약간의 질투를 느꼈기 때문이겠지요. 그는 자신의 겸손을 의식하지 않을 것입니다. 아니, 아예 자기 자신을 전혀 의식하지 않을 것입니다.[6]

나는 이 인용문에서, 인생을 즐기는 것에 대한 강조와 더불어 **'쾌활하다'**라는 단어가 인상 깊었다. 이것이 바로 우리가 이 책에서 탐구할 구체적인 주제, 곧 '겸손의 즐거움'이라는 주제다. 다른 사람에게서 발견하는 겸손도 멋지고 매력적이며 명랑하지만, 그 겸손을 우리가 실천하면 우리 삶은 더욱 순조롭고 행복해진다.

실제로, 우리는 기쁨이 겸손의 척도라는 것을 확인할 수 있다. 진정한 겸손은 언제나 기쁨을 주니 말이다. 그래서 우리에게 기쁨이 부족하다면 그 겸손은 가짜라는 사실도 알 수 있다. 뭔가 잘못된 것이다. 하지만 겸손이 언제나 사기를 북돋우고 실천하기 쉬운 것은 아니다. 무척 힘든 순간도 있다. 그러나 결과적으로는 운동이나 건강한 식단처럼 겸손의 끝에도 즐거움이 있다.

따라서 겸손을 이렇게 생각해 볼 수 있다. **겸손은 나를 내려놓음으로 기쁨에 이르는 것이다.**

이제 우리는 책의 나머지 부분에서 이 주제를 계속 다룰 텐데, 그 시작으로 톨킨(J. R. R. Tolkien)의 작품 『호빗』(*The Hobbit*)에 나오는 멋진 문장에 대해 같이 생각해 보자. 호빗 골목쟁이네 빌보가 집에 돌아온 후 친구인 마법사 간달프와 함께 자신의 모험을 회상하는 결말 부분이다.

"그렇다면 옛 노래의 예언이 어느 정도는 실현되었네요?" 빌보가 말했다.
그러자 간달프가 대답했다. "물론이지! 예언이 사실이 되어서는 안 될 이유라도 있나? 자네가 그것을 실현하는 데 한몫했다고 해서 예언을 안 믿는 건 아니겠지? 자네의 모험과 탈출이 그저 자네만을 위해서 순전히 행운으로 이루어졌다고 생각하지는 않겠지, 안 그런가? 자네는 정말 대단히 훌륭한 사람, 골목쟁이네야. 그리고 나는 자네를 아주 좋아하지. 하지만 이 넓은 세상에서 자네는 결국 아주 작은 인물에 불과하다네!"
"황송합니다!" 빌보는 웃으면서 말하고는 그에게 담배통을 건넸다.[7]

아, 나는 이 부분이 정말 마음에 든다. 이 단락은 겸손의 **안도감**을 전해 준다. 거물이 되는 것은 부담스러운 일이다. 하지만 겸손은, 모든 일을 자신과 관련하여 해석하지 않으며 그럴 필요도 없다고 말한다. 편협하고 숨 막히는 자기 기준이라는 필터가 사라지는 것이다. 겸손은 우리가 훨씬 더 큰 이야기 안에서 아주 작은 자리를 차지하고 있을 뿐이라는 사실과, 우리 인생이 우리의 계획이나 통제보다 훨씬 거대한 무언가에 의해 인도되고 있으며, '혼자만의 이득'보다 훨씬 거대한 무언가를 위해 섬기고 있다는 사실을 차분하게 인정하는 것이다.

겸손은 인생을 있는 그대로 받아들이는 기쁨이다. 마치 빌보가 그랬듯 "이 넓은 세상에서 자네는 결국 아주 작은 인물에 불과하다네!"라는 간달프의 타박을 인정하고 안도감과 웃음으로 대꾸하는 것이다.

우리가 이 넓은 세상 속 아주 작은 존재라서 참 다행이다.

◐ 생각해 볼 문제

1. 오늘날 겸손에 대한 가장 커다란 오해는 무엇이라고 생각하는가?
2. (자신이나 다른 사람이) 겸손과 자기혐오를 혼동하는 모습을 본 적이 있는가? 그러한 실수가 어떤 결과를 낳았는가?
3. 기쁨이 겸손의 척도라는 말에 동의하는가 혹은 반대하는가? 그 이유는 무엇인가?

Part 1

겸손한
사람이 되려면

1 복음이 정의하는 겸손
2 복음이 키우는 겸손
3 자만을 없애는 열 가지 방법

chapter 1

복음이 정의하는 겸손

만약 어떤 사람이 당신에게 다가와 누군가에 대해 "그는 정말로 겸손한 사람이에요."라고 이야기하면 당신은 어떤 생각이 드는가?

우리는 대체로 다른 사람들이 어떻게 겸손을 드러냈는지를 가장 먼저 떠올린다. 예를 들면, '다른 사람이 차린 밥상에 숟가락 올리지 않기'나 '더 많이 사과하고 다른 사람을 더 많이 신경 쓰기'처럼 말이다.

그것도 사실이지만, 우리는 가장 먼저 하나님과의 관계 안에서 겸손을 생각해야 한다. 진정한 겸손은 하나님 앞에서 시작해 다른 인간관계로 흘러 들어간다. 달리 말하면(정신이 번쩍 들 것이다!), 모든 교만은 다른 사람을 향하기에 앞서 가장 먼저 하나님보다 높아지려는 태도다.

성경에서 가장 중요한 주제 중 하나는 '하나님 앞에서의 겸손'이다. "하나님이 교만한 자를 물리치시고 겸손한 자에게 은혜를 주신다"(약 4:6). 하나님은 성경을 통해 "마음이 가난하고 심령에 통회하며 내 말을 듣고 떠는 자"(사 66:2)를 돌보신다고 우리에게 말씀하셨다.

그런데 하나님 앞에 겸손하다는 것은 정확히 어떤 의미일까? 하나님은 겸손을 어떻게 정의하실까?

이 질문에 대답하려면 먼저 하나님이 복음을 통해 우리에게 행하신 일에서부터 시작해야 한다. 하나님은 우리에게 그저 겸손의 추상적인 정의만 주신 것이 아니다. 예수 그리스도라는 인격으로, (놀랍게도!) 친히 겸손을 **드러내 보여 주셨다**. 이제 하나님께서 우리에게 보여 주신 겸손에 대해 함께 살펴 보자.

최고의 겸손, 성육신

기독교 신학의 핵심은 성육신, 곧 하나님이 인간이 되셨다는 믿음이다. 이것은 여러 측면에서 믿기 어려운 발상이지만, 그중에서도 가장 놀라운 점은 성육신이 드러내는 하나님의 겸손일 것이다.

하나님의 겸손이라는 말이 가능할까? 우리가 감히 하나님이 겸손하시다고 생각이나 할 수 있을까? 겸손은 그저 피조물에게나 어울리는 것이 아닐까?

이것은 복잡한 문제라서 이 책에서 그 미묘한 차이를 모두 다루지는 않을 것이다.[1] 그러나 이것만큼은 분명하다. 그리스도의 성육신은 정말로 겸손의 표현이다. 사도 바울은 빌립보서에 이렇게 썼다.

"너희 안에 이 마음을 품으라 곧 그리스도 예수의 마음이니 그는 근본 하나님의 본체시나 하나님과 동등됨을 취할 것으로 여기지 아니하시고 오히려 자기를 비워 종의 형체를 가지사 사람들과 같이 되셨고 사람의 모양으로 나타나사 **자기를 낮추시고 죽기까지 복종하셨으니** 곧 십자가에 죽으심이라"(빌 2:5-8, 강조는 저자의 것).

성육신이 왜 겸손한 행위일까? 첫째, 바울은 이것을 일종의 **비움**이라고 말한다. 그리스도께서는 자신의 신권에 연연하지 않으시고 사람이 되셔서 자신을 비우셨다. 그렇다고 그리스도께서 어떤 식으로든 하나님이 아니셨던 적은 없다. 우리는 이를 분명히 해야 한다(가끔 이런 오해가 있었다). 그럼에도 그리스도께서 인간의 본질을 취하신 행위는 일종의 비움(emptying), 곧 낮아짐(lowering)이며, 낮춤(condescension)이고, 내려옴(descent)이라 일컬어질 만하다.

둘째, 바울은 성육신의 특징을 **섬김**으로 표현한다. 그리스도는 인간이 되셔서 "종의 형체"(빌 2:7)를 취하셨다. 이러한 행위의 절정은, 그리스도께서 십자가의 죽음을 받아들이시고 빌린 무덤에 장사 되셔서 자신을 낮추신 것이다.

하나님이 사람이 되신 사건을 어떻게 겸손의 행위로 묘사할 수 있는지 이해하기란 어렵지 않다. 사실, 그 어떤 행동도 이보다 더 큰 겸손의 증거가 될 수는 없다. 당신은 이전에도 겸손을 보여 주는 사람을 본 적이 있을 것이다. 예를 들어, 어떤 유명 인사가 어린아이와 놀아 주려고 바닥에 엎드린다든가 하는 것 말이다. 하지만 하나님이 아기가 되는 것보다, 창조주가 죽어서 무덤에 누워 있는 것보다 더 심한 추락이 있을까?

여기서 잠시, 도저히 이해할 수 없는 이 사건에 대해 다시 한번 곰곰이 생각해 보자. **하나님이 아기가 되셨다.** 초월적인 성자, 천사들이 흠모하는 하나님의 아들, 하늘의 모든 별을 창조하신 분이 여전히 온전한 하나님이신 동시에 마리아의 자궁에서 자라는 태아의 위치까지 자신을 낮추셨다. 당신은 그 의미를 헤아릴 수 있는가?[2]

신학자들은 종종 죽음과 장사에 이르는 그리스도의 성육신 사역 기간을 '비하의 신분'(state of humiliation)으로 묘사한다. 이는 그리스도의 부활과 승천, 천국의 통치를 포함하는 '승귀의 신분'(state of exaltation)과 대조된다. 예를 들어, 웨스트민스터 소요리문답은

비하라는 문구를 사용하여 그리스도께서 "강생(降生)하시되 그처럼 비천한 형편에 태어나셨고, 율법 아래 나셨으며, 이 세상에서 여러 가지 비참함을 겪다가 하나님의 진노와 십자가의 저주의 죽음을 받으셨고, 장사 되셔서 얼마 동안 죽음의 권세 아래 거하셨다."[3]라고 설명한다.

비하라는 단어를 잠시 생각해 보자. 당신은 비하를 당해 본 적이 있는가? 그때 기분을 기억하는가? 의미가 조금 다르기는 하지만, 이것이 **하나님이 친히 하신 일**을 설명하기 위해 신학자들이 사용한 단어다.

하나님, 주님이시요 전능하신 그분이 우리와 우리 죄를 위하여 **십자가에 못 박히기까지** 스스로 낮아지셨다.

"주님, 주님이 보여 주신 놀라운 겸손에 우리는 감탄합니다. 지존자이신 하나님께서는 우리가 상상할 수 없을 만큼 낮고 천한 자리도 마다하지 않으셨습니다. 오 주님, 십자가를 생각할 때 우리의 모든 자만심은 얼마나 어리석은지요! 우리가 주님의 모범을 따르도록 도와주소서. 우리에게 겸손의 길을 가르쳐 주소서."

겸손을 반영하는 성육신에 관한 자세한 설명

더 깊이 들어가 보자. 마치 하나님이 인간이 되신 것만으로는 충분하지 않다는 듯, 하나님이 인간이 되신 상황 역시 몹시 비천

했다. 그분은 가장 낮은 자리로 몸을 굽히셨을 뿐만 아니라 (괜찮다면 이렇게 표현하고 싶다.) 조용히, 잘난 체하지 않고 그렇게 낮아지셨다.

나는 몇 년 전 성탄절에 처음으로 그 점을 되새겨 보기 시작했다. 매년 대강절이면 우리는 아름다운 성탄 이야기를 상기시키는 똑같은 성경 구절을 듣게 된다. 그러던 어느 날 나는 예배를 드리던 도중, 목자들에게 나타난 천사들 이야기에 불현듯 궁금증이 생겼다(눅 2:8-20).

도대체 목자들은 왜 등장한 것일까? 우리는 이미 천사가 찾아온 여러 사건에서(마 1:20; 2:13, 19), 동방박사처럼 더 중요해 보이는 인물들이 응답한 것을 보았다(마 2:1-12). 그런데 하나님은 이제 몇 안 되는 목자들에게 소식을 전하려고 수많은 천사를 시골 들판으로 보내셨다. 그 이유는 무엇일까? 하나님은 왜 더 많은 사람에게 소식을 전하지 않으셨을까?

이 생각에 골몰하면 할수록 나는 성탄 이야기 속 온갖 다른 세부 사항이 일종의 조용한 겸손을 반영한다는 사실을 깨달았다. 예를 들면 다음과 같다.

- 예수님은 다 자란 성인으로 빛 가운데 내려오실 수도 있었지만 아기로 태어나셨다.
- 예수님은 적어도 왕궁에서 태어나실 수도 있었지만 가축들이 먹이를 먹는 구유에 누우셨다.

- 예수님은 부자나 왕자가 되실 수도 있었지만 가난한 집에 태어나 목수가 되셨다.
- 예수님은 도시(로마 또는 못해도 예루살렘)에서 태어나실 수도 있었지만 베들레헴 시골에서 태어나셨다.

한번 생각해 보라! 인류 역사상 가장 중요한 순간, 온 세상에 구원의 불씨를 당긴 사건, 무려 창조주와 피조물이 연합하는 그 놀라운 순간을! 그런데도 이를 아는 사람은 거의 없었다. 세상의 모든 주요 인사가 자신의 일로 분주한 사이에, 하나님은 몇 명 안 되는 목자들에게만 천사를 통해서 기쁨의 계시를 드러내셨다. "세상은 그로 말미암아 지은 바 되었으되 세상이 그를 알지 못하였고"(요 1:10).

구유 안에 잠들어 있던 아기가 "그의 능력의 말씀으로 만물을 붙드시"(히 1:3)는 분이셨음을 명심하자. 예수님이 마리아의 품에 안겨 젖을 먹는 동안에도, "만물이 그 안에 함께 섰느니라"(골 1:17)라는 말씀은 사실이었다. 예수님은 아기인 동시에 주님이셨다. 성탄 이야기에 담긴 상반된 현실은 도저히 이해할 수 없을 만큼 놀랍다.

- 강보에 단단히 싸여 있지만, 하늘을 가득 채우시고
- 어머니 곁에 붙어 있지만, 만물의 질서를 유지하시고

- 울음을 터뜨리면 마리아가 어르지만, 별들이 계속 불타오르게 하시며
- 나귀들 사이에서 잠들지만, 천사들의 흠모를 받으신다.

하나님이 이렇게 하셨다면 적어도 신문에 대서특필됐어야 했다! 이 사건은 창조 세계 역사상 가장 의미 있는 전환점이었다. 그러나 다시 말하지만, 시가 행진도, 팡파르도 없었다. 천사들은 기쁨의 소식을, 몇 안 되는 시골뜨기 목자들에게 노래했다.

나는 이토록 수수한 복음을 묵상하면서 그동안 주목받고자 애쓴 시간이 부끄러워졌다. **하나님이 친히** 가리어진 길을 택하셨는데, 내가 뭔데 주목을 받으려 한단 말인가?

"오 주님, 주님께서 우리를 위해 하신 일을 생각할 때 우리의 나약한 자아가 부끄럽기만 합니다. 우리는 유명한 찬송가 가사와 같은 심정입니다. '세상에 속한 욕심을 헛된 줄 알고 버리네.' 우리가 주님의 겸손함을 본보기 삼아 따르도록 도우소서. 모든 자만심을 버릴 수 있도록 도우소서."

십자가 곁에 누가 거만하게 설 수 있는가?

카슨(D. A. Carson)은 저명한 신학자 두 명을 인터뷰하면서 그들이 이루어 낸 많은 성취에도 불구하고 겸손할 수 있는 비결을 물었

다. 그중 한 사람이 '점잖게 화를 내며' 이렇게 반문했다. "도대체 어떤 사람이 십자가 곁에 거만하게 설 수 있겠습니까?"[4]

그렇다. 베들레헴과 골고다를 생각하면 그 누가 거만할 수 있을까? 하나님이 친히 가장 낮은 자리를 취하셨다면, 우리가 무엇이라고 높은 자리를 좇는단 말인가?

성육신은 우리에게 이런 질문도 던진다. '오늘날 이 세상에서 목자는 누구인가?' '우리 삶의 구유는 무엇인가?' '지금 십자가의 역사는 어디에서 일어나고 있는가?' 하나님은 너무나 거절하기 쉽고, 경멸하기 쉽고, 간과하기 쉬운 모습으로 우리에게 나타나실 때가 많다. 하나님은 그렇게 일하신다. 겸손은 언제나 하나님의 방식이다.

눈에 보이지 않는 천사들은 지금 이 순간 무엇을 찬양하고 있을까? 장담하건대, 천사들이 찬양하는 것은 세상이 거의 주목하지 않을 만한 것이 분명하다. 하나님이 인간 세상에 오실 때 그러셨던 것처럼, 그것은 인간의 교만이라는 레이더에 걸리지 않고 빠져나갈 것이다.

"오, 하나님, 당신은 왕궁이 아닌 구유의 하나님이십니다. 우리 눈을 열어 우리를 둘러싼 모든 것에 역사하시는 하나님을 보게 하소서."

◐ 생각해 볼 문제

1. 하나님은 겸손하시다는 표현이 옳은가? 사람들이 이런 말을 이해하는 방식에 위험은 없는가?
2. 그리스도께서 "자기를 비우"(빌 2:7)셨다는 말은 어떤 의미라고 생각하는가?
3. 당신은 성탄 이야기 중 어떤 부분이 하나님의 겸손을 가장 잘 드러낸다고 생각하는가?

chapter 2

복음이 키우는 겸손

　1장에서는 하나님이 복음 안에서 어떻게 겸손을 보여 주셨는지 설명했다. 이번 장에서는 반대로 우리가 어떻게 겸손하게 복음에 응답해야 하는지를 설명하려 한다.

　우리의 겸손은 그리스도께서 성육신과 죽음으로 우리를 위해 행하신 일에서부터 시작해야 한다. 복음은 우리가 죄악에서 떠나 우리 삶을 그리스도께 맡길 때, 그분의 사역을 통해 우리가 온전히 용서받고 창조주 하나님께 돌아올 수 있다고 가르친다.

　그러므로 복음은 모든 겸손의 진정한 근원이다. 또한 겸손은 우리가 길러야 하는 추상적인 덕목이 아니라, 복음에 합당한 사람들이 가진 특징이다. 따라서 겸손해지려는 우리의 모든 노력이 한낱 세속적인 위조품이나 모조품이 되지 않게 하려면 언제나 복음에 근거해야 한다.

겸손을 추구하는 것도 본질적으로는 교만이 아닐까?

'세속적인 위조품'에 대한 이러한 언급에는 다음과 같은 이견이 제기된다. '우리는 의도적으로 겸손을 개발해야 할까?' '겸손이 자신을 내려놓는 것이라면, 거기에 힘쓰는 것이 오히려 역효과를 낳아 위험하지 않을까?' '실제로 복음에 기초한 겸손과는 완전히 다른, 세속적인 위조품으로 이어질 수도 있지 않을까?' 이는 우리가 제일 먼저 다루어야 하는 주제다. 아마 몇몇은 이미 이러한 이견에 대해 우려하고 있었을 것이다.

그렇다. 이것은 충분히 생길 수 있는 위험이다. 켈러는 이렇게 말했다. "겸손은 매우 수줍어서 당신이 겸손에 대해 말하기 시작하면 금세 사라져 버립니다." 루이스도 언급했듯이, 우리는 자신이 겸손해졌다며 교만할 수 있다! 『스크루테이프의 편지』를 보면 한 악마가 다른 악마에게 이렇게 조언한다.

> 지금 해야 할 일은 딱 하나야. 네 환자는 겸손해졌다. 미덕이란 인간 스스로 그것을 가졌다고 의식하는 순간에 위력이 떨어지는 법인데, 겸손의 경우는 특히 더 그렇지. 환자의 심령이 진짜 가

난해진 순간을 잘 포착해서 '세상에, 내가 이렇게 겸손해지다니!' 하는 식의 만족감을 슬쩍 밀어 넣거라. 그러면 거의 그 즉시 교만(자신이 겸손해졌다는 교만)이 고개를 들게야."[1)]

그 길을 따라 내딛는 걸음마다 우리는 이 거짓 겸손의 위험에 경각심을 갖고 주의해야 한다. 그렇지만 나는 우리가 겸손에 대해 절대로 생각해서는 안 되고 의도적으로 추구해서도 안 된다고 생각하지는 않는다(물론 그 과정에서 자신을 너무 심각하게 생각하지 말아야 하는 것은 분명하지만 말이다!).

우선, 겸손에 대한 깊은 성찰은 기독교의 유서 깊은 관행이다. 성경은 우리에게 겸손하라고 강조한다. 예를 들어, 앞 장에서 살펴본 유명한 찬송시 빌립보서 2장 5-11절 말씀은 그 앞에 나온 바울의 간곡한 권고, 곧 "오직 겸손한 마음으로 각각 자기보다 남을 낫게 여기고"(빌 2:3)에 대한 근거가 된다. 이외에도 제시할 수 있는 구절이 많다. 우리가 그 의미를 깊이 생각하지 않는다면, 빌립보서 2장 3절 같은 말씀에 어떻게 순종할 수 있겠는가? 그뿐만 아니라 아우구스티누스(Aurelius Augustinus), 바실리우스(Basil of Caesarea), 토마스 아퀴나스(Thomas Aquinas), 존 칼빈(Jean Calvin), 조나단 에드워즈(Jonathan Edwards)와 같은 위대한 신학자들도 겸손이 무엇이며 우리가 어떻게 겸손을 배울 수 있는지에 대해 많은 글을 썼다.

참된 겸손은 언제나 기쁨으로 이어진다는 명제는 겸손을 추구하는 과정에서 훌륭한 안전장치가 된다. 왜냐하면 우리는 기쁜 척하기보다 다른 미덕을 갖춘 척하기가 더 쉽기 때문이다. 만약 우리가 겸손을 위한 겸손을 추구한다면, 기쁨이 없고 인위적이며 조작된 겸손으로 변질시키는 유혹이 우리에게 더 많아질 것이다. 그러나 우리가 현실과 진리(당신을 둘러싼 견고한 세계)에 도달하기 위해 겸손을 추구한다면 우리는 안전하다.

다시 말해서, 우리의 목표는 겸손해지기 위해 엄청나게 열심히 노력하는 것도 아니고, 겸손에 대해 절대로 생각하지 않는 것도 아니다. 이보다 조금 더 미묘한 무언가다.

나는 참된 겸손을 향해 나아가는 최선의 방법으로써 복음으로 빚어진 겸손에 대해 탐구해 볼 것을 제안한다. 이 방법은 우리가 건전하지 않은 양극단을 피하는 데 도움을 준다. 이제 복음이 겸손을 키우는 특별한 두 가지 방법을 생각해 보자.

복음은 우리에게 죄를 보여 줌으로써 겸손을 키운다

이 책의 주제는 겸손이 기쁨을 준다는 것이다. 이 주제로 나아오려면 겸손이 보통은 기쁨에서 **시작되지** 않음을 분명히 해야 한다. 겸손으로 향하는 길은 '**우리는 겸손하지 않다**'는 씁쓸한 사실을 마주하는 것에서부터 시작한다. 루이스는 이를 잘 설명한다.

"겸손해지고 싶은 분들이 있다면, 제가 그 첫걸음을 알려 드릴 수 있을 것 같군요. 그 첫걸음이란 바로 자신이 교만하다는 사실을 깨닫는 것입니다. 이것은 약간 보폭이 큰 걸음이기도 합니다."[2)]

나는 **보폭이 크다**는 루이스의 말을 좋아한다. 교만을 인정하는 것은 보폭이 큰 걸음이다. 정말로 하기 어렵다. 천성적으로 우리는 겸손에 대한 필요를 회피하거나 하찮게 여긴다. 스스로 **"그렇게 나쁘지는 않아."**라고 말한다. (그리고 기분 전환을 위해 자신을 다른 사람과 비교하기도 한다.)

복음은 이런 우리를 치유한다. 예수 그리스도의 십자가로 우리의 교만을 측정하는 법을 가르쳐 줌으로써 말이다. 십자가는 우리에게 하나님의 사랑이 얼마나 깊은지 보여 주며, 동시에 우리 죄가 얼마나 깊은지도 함께 보여 준다. 복음은 하나님이 기꺼이 하고자 하셨던 일을 드러내고, 동시에 하나님이 **하셔야만 했던** 일도 함께 드러낸다.

우리의 교만이 너무 커서 하나님의 아들을 십자가에 못 박았다. 이 사실을 너무 빨리 지나치지 말자. 정신이 번쩍 들게 하는 이 진실을 잠시 곱씹어 보자. **우리의 죄가 예수님을 십자가에 못 박았다.**

나 자신을 위해, 그리고 당신도 똑같이 생각해 보기를 바라며 이를 좀 더 개인적으로 표현해 보겠다. **내 죄가 예수님을 십자가에 못 박았다.**

마음이 불편해진다. 그렇지 않은가? 우리는 어떻게든 이 문제를 피해 가고 싶어 한다. 하지만 우리의 정확한 상태를 이해하려면 회피하지 않고 정면으로 마주해야 한다. 겸손으로 가는 길은 바로 여기, 우리의 교만이 자기방어의 마지막 누더기 조각까지 벗어 버린 곳, 십자가의 가장 큰 죄에서부터 시작된다.

프랜시스 쉐퍼(Francis Schaeffer)는 이렇게 말했다. "기독교 신앙은 두 번 고개를 숙이는 것을 의미한다." 우리는 첫 번째로 존재의 근원이신 하나님께 고개를 숙이고, 두 번째로 도덕의 근원이신 하나님께 고개를 숙인다. 다시 말해 우리가 처음 하나님께 고개를 숙이는 것은 우리가 피조물이며 하나님은 창조주이시기 때문이다. 그리고 또다시 고개를 숙이는데 이는 우리가 죄인이고 하나님은 심판장이자 구세주이시기 때문이다.[3]

생각해 보면, 우리가 겸손을 실천하기 위한 동기를 부여하는 데에는 첫 번째 이유만으로도 충분하다. 우리가 숨 쉬는 모든 순간이 하나님이 주신 선물이다. 하나님은 만물의 원천이요 근원이시다. 우리는 하나님 앞에서 한없이 연약하고 한없이 의존적이며 한없이 수용적이다.

그러나 그것만으로는 부족하다는 듯, 우리는 **또한** 하나님 앞에 죄인으로 서 있다. 우리는 마치 자신이 지은 반역죄를 사죄하며 정당한 왕에게 돌아와 왕의 편으로 복귀하기를 간청하는 반역자와 같다. 실로 우리가 두 번, 납작 엎드려 절해야 할 까닭이다!

나는 이러한 현실에서 **나 자신을 최대한 낮추고** 내 죄에 관한 복음의 가르침을 온전히 받아들이려 노력하는 것이 유용하다고 생각한다. 위대한 찬송가 "주 보혈로 날 사심은"(And Can It Be That I Should Gain)의 가사가 여기에 큰 도움이 된다.

주 보혈로 날 사심은 그 뜻이 깊고 크셔라
상하심과 죽으심이 어찌 날 위함이온지
놀라워라 주 사랑이 날 위해 죽으신 사랑
놀라워라 주 사랑이 어찌 날 위함이온지[4]

이 가사가 얼마나 놀라운지 느껴지는가? 찰스 웨슬리(Charles Wesley)처럼 당신도 그리스도의 죽으심이 '날 위함'이라고 말할 수 있는가? '**날 위해**' 그가 상하셨다고 말할 수 있는가? 그렇다. 예수님이 십자가에 달리셨을 때 우리는 그곳에 없었는지도 모른다. 하지만 예수님을 십자가에 못 박은 것은 우리 죄였다. 존 스토트(John Stott)는 십자가를 다룬 그의 명저에서 이 개념을 멋지게 설명한다. "우리는 십자가를 우리를 위해 행해진 (우리를 신앙과 경배로 이끄는) 것으로 보기에 앞서, 십자가를 우리에 의하여 행해진 (우리를 회개로 인도하는) 것으로 보아야 한다."[5]

바로 여기, 십자가 아래에서 진정한 겸손이 시작된다. 그곳은 인간의 교만이라는 낙타가 움츠리고 욱여넣어야만 통과하는 "바

늘귀"(마 19:24)이자 우리가 다시 태어날 수 있도록 죽어야만 하는 곳이다.

마음이 상해 돌아서지 말라! 당신이 이 사실을 받아들일 수 있다면, 그 끝에는 기쁨이 있다!

"오 주님, 이 첫걸음을 받아들일 수 있는 마음을 우리에게 주소서! 우리의 정확한 상태, 진정한 필요의 무게 아래 우리 자신을 낮추도록 도우소서. 우리 자신을 십자가로 측량할 수 있도록 도우소서."

복음은 우리에게 하나님의 사랑을 보여 줌으로써 겸손을 키운다

그러나 우리는 여기서 멈출 수 없다. 복음이 불러일으키는 진정한 겸손은 단순히 우리 죄를 본다고 해서 생기지 않는다. 그것은 그저 첫 번째, 준비 단계에 불과하다.

조나단 에드워즈는 "기독교 정신은 겸손의 정신"(A Christian Spirit is an Humble Spirit)이라는 설교에서 **율법적** 겸손과 **복음적** 겸손을 구분했다. 그는 율법적 겸손은 하나님의 위대하심을 목격함으로써 생겨나며 이는 귀신도 느낄 수 있지만, 복음적 겸손은 하나님의 사랑을 목격함으로써 생겨나고 오로지 거듭난 신자만이 경험할 수 있다고 주장했다. 에드워즈는 이렇게 말했다.

진정한 겸손의 근원은 하나님의 사랑스러움을 느끼는 것이다. 하나님의 사랑스러움을 알아차리지 못한 채 그분의 크심만을 느끼거나 발견해서는 겸손해질 수 없다. 그러나 그분의 사랑스러움을 발견하면 그것이 우리 영혼에 영향을 미쳐서 영혼을 겸손하게 만든다.[6]

에드워즈는 귀신도 하나님의 크심을 느끼며 그것을 알고 벌벌 떤다고(약 2:19) 지적했다. 하지만 그렇다고 해서 겸손이 생기지는 않는다. 마찬가지로 인간도 진정한 겸손 없이 하나님을 두려워하며 살아갈 수 있다. 심지어 우리는 겸손에 이르지 않고도 자기 죄를 비통해하기도 한다.

진정한 겸손, 복음이 불러일으키는 겸손은 단순한 확신이나 필요 그 이상에서 비롯되며, 그 필요를 해결해 주시는 그리스도의 공급을 인격적으로 **받아들이는** 데서 비롯된다. 궁극적으로 겸손은 절박함이 아닌 평안함의 결과다. 겸손은 하나님의 사랑에 대한 뿌리 깊고 진심 어린 인식에서부터 흘러나온다.

다시 말해, (에드워즈의 표현을 빌리자면) **복음적 겸손**은 결국 스토트의 공식을 뒤집어야만 한다. 그렇다. 십자가 사건은 우리 때문에 일어났지만 동시에 우리를 위해서 일어났다. 그렇다. 예수님은 우리의 죄를 감당하셔야 했지만, 사랑으로 기꺼이 그 죄를 감당하셨다.

우리가 이것을 경험했는지 어떻게 알 수 있을까? 나는 '**사랑스러우심**'이라는 에드워즈의 표현이 참 마음에 든다. 하나님이 당신에게 사랑스러우신 분인가? 이것은 영광스러우신 하나님이나 자비로우신 하나님 그 이상의 표현이다. 당신의 마음에는 하나님을 향한 다정함이 있는가? 당신은 자신이, 심지어 당신 같은 존재가 하나님의 보물이며 기쁨이라는 사실을 마음속 깊이 깨닫고 있는가?

비밀을 지켜 주는 친구, 필요로 할 때 곁을 지켜 주는 누군가를 우리가 어떻게 느끼는지 생각해 보자. 공유하는 친밀감과 충성심, 신뢰감이 주는 그 느낌을 생각해 보자. 그런 느낌은 **인격적**이다. 우리는 이와 같이 하나님의 사랑을 경험할 수 있다. 그 사랑은 **우리**를 위한 사랑이다. 하나님은 우리의 모든 구체적인 필요 가운데 우리를 돌보신다. 우리 존재의 가장 깊숙하고 개인적인 부분을 어루만지신다.

그런데 이렇게 다정하게 사랑받고 있다는 감정이 어떻게 겸손을 만들어 내는 것일까? 어쨌거나 우리가 자신에 대해 더 생각할 때가 아니라 덜 생각할 때 겸손이 흘러나온다.

확실히, 우리는 하나님의 사랑에 대해 말한다고 하면서 사실은 자신을 드러낼 수도 있다. 하지만 그와 동시에 우리는 대부분 다른 사람의 친절한 행동에 진심으로 겸손해진 경험이 있을 것이다. 당신은 지나칠 정도로 과분한 선물이나 예상치 못했던 진심

어린 사과를 받아 본 적이 있는가? 친절은 그 나름의 겸손이어서 우리의 교만을 드러내고 약화시킨다. 즉 친절은 우리를 온화하게 만든다.

한 가지 비유를 들어 생각해 보자. 당신은 지금 매우 강한 왕 앞에 나아가는 길이다. 당신은 궁중으로 들어간다. 당신의 발소리가 대리석 위에서 메아리친다. 천장이 무척 높고 방 안이 온통 금으로 반짝인다. 당신은 높은 왕좌를 우러러보며 왕이 말하기를 기다린다. 어떤 기분이 들까? 틀림없이 겸손해질 것이다.

그러면 이제 왕이 왕좌에서 내려와 당신에게 달려온다고 생각해 보자. 왕은 당신을 굉장히 걱정했다. 사실 당신을 돕기 위해 자신의 목숨을 큰 위험에 빠뜨렸다. 왕이 당신을 끌어안으면서 당신이 안전하다는 안도감에 눈물을 흘린다. 그러더니 당신을 커다란 식탁으로 데려가 몸소 당신에게 아침 식사를 대접한다. 이제는 어떤 기분이 들까? 왕의 친절이 또 다른(더 심오한) 방법으로 당신을 겸손하게 만들지 않겠는가?

이것이 바로 복음이 우리 안에서 만들어 내는 겸손이다. 가장 높으신 하나님이 우리가 받을 자격이 없었던 사랑, 그 영원한 사랑을 우리에게 보여 주시려고 몸을 낮추셨다. 하나님은 우리 각자에게 탕자의 아버지와 같은 분이다. 그분은 달려와 우리를 끌어안으시고, 우리의 수치에도 불구하고 반갑게 맞아 주시며, 우리가 돌아온 것을 축하하는 데 비용을 아끼지 않으셨다.

우리가 어떻게 다시 잘난 척할 수 있겠는가? 우리가 어떻게 온화해지지 않을 수 있겠는가?

"오 하나님, 그리스도 안에서 우리에게 이루어 주신 모든 것에 어떻게 감사해야 할까요? '온 세상 만물 가져도 주 은혜 못다 갚겠네.' 아멘. 우리가 할 수 있는 것은 사랑과 감사와 찬양으로 하나님 앞에 엎드리는 것뿐입니다."

무너지지 않고 자신을 바라보기

루이스의 『그 가공할 힘』(That Hideous Strength)에서 등장인물 마크는 고난을 겪고 극도로 겸손해진다. 아내와 막 재회하려는 순간, 그는 아내를 바라보기가 부끄럽기까지 했다. 삶을 되돌아보며 자신이 얼마나 어리석었는지를 알게 되었기 때문이다. 난생처음으로 그는 다른 사람들이 자신을 어떻게 생각하는지 깨닫는다. "그는 이 새로운 집단이 그를 바라볼 시각으로 자신을 보았다. 더 속물스럽고, … 멍청하고 존재감 없는 인간. 겁쟁이인 데다가 계산을 해 대며 냉담한 인간. 마크는 왜 그렇게 됐는지 의아했다."[7]

책의 마지막 부분에서 마크는 아내에게 다가간다. 그의 비통함은 점점 더 커진다. 마침내 그는 루이스가 '연인의 겸손함'이라 부르는 그것이 결혼 생활 내내 자신에게 부족했음을 깨닫는다. 루이스는 이렇게 썼다.

꺼려졌지만 따져 보니 차츰 그의 안에 있는 모든 아둔함, 바보스러움, 촌스러움이 드러났다. 굳은살 박인 손, 징 박힌 신발에 턱이 처진 투박한 촌놈이 위대한 연인들과 기사들, 시인들이라면 밟기조차 두려웠을 곳에서 뛰지는 않아도 그럴 수가 없어서 쿵쿵대며 어슬렁거리는 꼴이었다. … 어떻게 감히 그랬을까? 그걸 알면 누가 그를 용서할 수 있을까? 이제 마크는 제인의 친구들의 눈에 자신이 어떻게 보일지 알았다. 그 그림을 그리니, 안개 속에 혼자 있는데도 이마가 후끈 달아올랐다.[8]

우리 모두는 이처럼 고통스러운 자기 발견의 순간을 맞이할 것이다. 날카로운 자책과 함께 이렇게 깨닫는 순간 말이다. "오, **저건** 나랑 비슷한데! 나도 **저런** 모습인데!"

복음은 우리가 무너지지 않고 이러한 순간을 받아들이도록 해 준다. 복음은 처음에는 우리 죄를 드러내고, 그다음에는 그 죄를 덮어서 겸손을 불러일으킨다. "죄가 더한 곳에 은혜가 더욱 넘쳤나니"(롬 5:20).

당신이 가장 바보스러운 순간에, 그리스도께서는 당신을 다정하게 사랑하신다. 당신을 향한 그리스도의 사랑이 당신의 수치와 후회보다 더 크다. 당신이 '율법적 수치심'의 쓰라림을 느끼는 그곳, 거기가 어디든 도움이 절실히 필요한 그곳에서, **당신은 사랑받고 있다.**

루이스의 책은 그렇게 마크가 집으로 걸어 들어가 아내의 포옹을 받는 것으로 끝이 난다.

● 생각해 볼 **문제**

1. 당신은 의도적으로 겸손을 추구하는 것이 적절하다는 의견에 동의하는가? 겸손하려는 노력이 지나친 자기 집착으로 변질되고 있는지 우리는 어떻게 알 수 있는가?
2. 십자가가 드러내는 죄와 십자가가 드러내는 하나님의 사랑 중에서 무엇이 더 당신을 겸손하게 만드는가? 그 이유는 무엇인가?

chapter 3

자만을 없애는
열 가지 방법

    지금까지는 복음이 어떻게 겸손을 정의하고 불러일으키는지 '큰 그림'을 살펴보았다. 이제부터는 우리 삶에서 겸손을 기를 수 있는 더 구체적인 실천 방법을 다루어 보겠다. 이번 장에서는 개인의 삶에서 겸손을 기르는 법에 초점을 맞추고, 책의 후반부에서는 교회 공동체에서 겸손이 어떻게 작용하는지에 초점을 맞출 것이다.

    먼저 열 가지 아이디어를 소개한다. 무작위로 실었지만, 몇 가지는 다른 사람들보다 당신에게 훨씬 유용할 수도 있으니 다음 목록을 '생각할 거리'로 여겨 주길 바란다.

1. 잘 듣는다

앞서 인용한 글에서 루이스가 겸손한 사람을 어떻게 묘사했는지 기억하는가? "여러분이 그에게 무슨 말을 하든지 진지한 관심을 가지고 들어 주는 쾌활하고 지적인 사람"이라고 했다.

루이스는 겸손한 사람과 소통할 때 바로 알아차릴 수 있는 유난히 기분 좋은 특징 하나를 정확히 짚어 낸다. 그들은 다른 사람들이 하는 말에 진심으로 흥미를 보인다. 즉, **경청한다**.

당신이 하는 말에 별로 귀 기울이지 않는 사람과 이야기해 본 적이 있는가? 그런 사람은 미묘한 뉘앙스를 다 놓친다. 당신이 하는 모든 말을 자기만의 범주로 걸러 내고, 당신이 본론을 말하기도 전에 불쑥 끼어든다. 그래서 당신은 어떤 새로운 정보로도 이 사람의 관점을 바꿀 수 없다고 여기게 된다. 이는 자만이 어떻게 작용하는지 들여다볼 수 있는 좋은 창이다. 자만은 자기 외부의 모든 것으로부터 차츰 멀어지는 경향이 있다. 하지만 겸손은 정반대다. 겸손하면 다른 사람의 관점과 생각뿐만 아니라, 자기 주변에 있는 것들에 더 예리하게 주의를 집중하게 된다.

따라서 겸손하려면 다른 사람의 말을 더 잘 듣는 사람이 되고자 노력해야 한다. 아래에 우리가 겸손에 힘입어 세심하게 경청할 수 있는 몇 가지 방법을 소개한다.

하나, 겸손은 말하는 사람의 의견을 진심으로 **소중히 여긴다**. 자기가 말할 기회를 노리면서 단순히 상대방의 말이 끝나기를 기다리는 것이 아니다. 겸손은 사랑을 보여 주는 기회로, 설교하기보다는 오히려 함께 춤추듯이 대화에 접근한다.

둘, 겸손은 성급히 판단하지 않는다. 그리고 다른 이들의 말을 즉각적으로 해석하고 분류할 필요를 느끼지 않는다. 불확실성, 배움, 성장이 주는 긴장감에 위협을 느끼지 않는다. 또한 새로운 정보를 붙잡고 끈질기게 씨름하기를 마다하지 않는다. 겸손한 사람은 야고보의 훌륭한 조언을 마음에 새긴다. "사람마다 **듣기는 속히 하고 말하기는 더디 하며**"(약 1:19, 강조는 저자의 것).

셋, 겸손은 자기만의 범주로 조급하게 정보를 거르지 않는다. 어떤 생각이 다른 생각과 비슷하다고 해서 그 둘이 똑같다고 간주하지 않는다. 겸손은 미세한 차이를 구분하고, 말하는 사람의 관점에서 비롯된 미묘한 뉘앙스를 이해한다.

넷, 겸손은 누군가의 말을 그 사람의 전제와 연관 지어 고려한다. 겸손은 이렇게 묻는다. "그 사람은 이 말을 어떻게 생각할까?" 그리고 다른 관점을 나름대로 이해하고자 진심으로 노력한다. 겸손은 말하는 사람을 향해 움직이고 그 사람을 이해하려고 힘을 쏟는다.

다섯, 겸손은 통제하지 않는다. 겸손은 모든 대화에 나설 필요가 없다. 그저 말하는 사람이 서두르지 않고 위협받지 않으며 움직일 수 있는 공간을 내준다. 겸손은 잠시 침묵하며 앉아 있다가도 다음 순간 상대방의 입을 열기 위해 질문 공세를 펴기도 한다.

이런 사람과 이야기를 나누는 것이 얼마나 멋진 일이겠는가? 우리 모두 이렇게 되기를 원하지 않을까?

2. 감사를 연습한다

몇 년 전, 나는 의도적으로 감사를 연습하기 시작했다. 그리고 감사가 내 삶을 풍요롭게 해 준 모든 방법을 담아 책도 썼다. 그렇지만 여기서는 한 가지만 분명히 하고 싶다. 바로, 의도적으로 감사를 연습하면 삶의 축복에 관심이 집중된다는 것이다.

사람들은 대부분 유리컵에 물이 절반밖에 남지 않았다고 생각한다. 우리에게 부족하거나 우리 삶에서 달라졌으면 하고 바라는 것에 본능적으로 관심을 둔다. 그런데 감사를 실천하면 정반대 일이 일어난다. 우리는 우리 삶의 축복, 특히 우리가 당연하게 여기는 것들에 관심을 두게 된다.

자기 삶을 돌아보면서 "나는 얼마나 축복받은 사람인가?"라고 말할 수 있는 능력은 겸손으로 향하는 멋진 길이다.

당신이 좋아하는 유명 인사들과 저녁을 먹게 되었다고 상상해 보자. 모두가 큰 식탁에 둘러앉았다. 당신은 대화에 귀 기울이며 질문을 던지고 그들의 개성과 배경에 대해 알아 간다. 이 기회를 통해 당신이 갖게 될 특권 의식을 생각해 보자. 이런 생각이 들지 않을까. **"내가 누구라고 여기서 이들과 이야기할 수 있지?"**

겸손은 **어느** 상황에서든지 이렇게 우리를 도와준다. 우리는 왜 유명 인사와 함께하는 것만을 특권이라 생각할까? 우리가 만나는 모든 사람이 하나님의 형상대로 창조되었다. 우리가 가는 모든 장소가 하나님이 만드신 놀라운 세상의 일부다. 우리가 보는 모든 풀잎과 나뭇잎은 하나님이 설계하신 기적이다. 이것을 진지하게 묵상하면 **놀랍지 않은 것이 없다.**

이런 생각을 하며 모든 상황을 대할 때 얻게 될 즐거움을 상상해 보자. "내가 누구라고 여기에 있지? 나는 얼마나 운이 좋은가? 지금 **이** 순간, **여기**에 살아 있다니 얼마나 큰 축복인가!"

이렇게 의도적으로 감사를 기르는 것은 우리가 삶의 모든 일을 겸손하게 대할 수 있게 도와주므로, 그런 감정에서는 기쁨이 생겨날 수밖에 없다.

3. 비판에서 배운다

비판을 받을 때면 분명히 거기서 배울 것이 있다고 가정하는 습관을 들이자.

비판은 상처가 되기 때문에 우리의 본능은 습관적으로 비판을 밀쳐 내고 거부하려 한다. 물론, 어떤 형태의 비난은 그냥 무시해야 한다. 특히 혐오를 드러내거나, 정직하지 못하거나, 비하하는 비판이 그렇다.

하지만 대부분의 비판에는 배울 점이 있다. 심지어 그 비판이 대체로 틀렸다고 하더라도, **무언가** 배울 점이 있다.

성경은 교훈과 피드백에 귀 기울이라고 많이 이야기하는데, 이는 잠언의 굵직한 주제 가운데 하나다. 예를 들면, 다음과 같은 구절이 있다.

"미련한 자는 자기 행위를 바른 줄로 여기나 지혜로운 자는 권고를 듣느니라"(잠 12:15, 강조는 저자의 것).

"지혜로운 아들은 아비의 훈계를 들으나 거만한 자는 꾸지람을 즐겨 듣지 아니하느니라"(잠 13:1, 강조는 저자의 것).

"훈계를 싫어하는 사람은 자기 생명을 가볍게 여기는 사람이지만 책망을 잘 듣는 사람은 지식을 얻는 사람이다"(잠 15:32, 새번역, 강조는 저자의 것).

교만한 사람들이 실수를 반복하는 것은 실수를 통해 배우지 않기 때문이다. 그들은 피드백에 둔감하고 불안정하며 완고한 경향이 있다. 결과에 상관없이 무조건 앞으로 밀어붙인다.

반대로 겸손한 사람들은 다른 사람의 의견을 토대로 끊임없이 궤도를 수정한다. 겸손한 사람들에게 고린도전서 13장 12절("우리가 지금은 거울로 보는 것 같이 희미하나")은 이론이 아니다. 그들은 자신의 한계를 현실로 받아들이고, 다른 사람의 관점과 통찰을 흡수하는 일의 필요성을 절실하게 느낀다.

그래서 '**잘 배운다**'(teachable)라는 단어는 '**겸손하다**'와 거의 같은 말이라고 할 수 있다. 겸손의 기본 척도를 찾고자 한다면, 그가 잘 배우는 사람인지의 여부가 좋은 시험대가 된다.

누군가 당신을 비난할 때나 당신에 대한 부정적인 험담을 우연히 들었을 때, 시간을 들이고 당신의 취약함을 드러내기를 감수하면서 이렇게 질문할 수 있는가? "여기서 나는 무엇을 배울 수 있을까?" 이런 연습은 장기적 관점에서 믿기 힘들 만큼 큰 유익이 있을 것이다. 그리고 결국에는 습관으로 자리 잡을 것이다. 인생 마지막에 당신이 배우게 될 모든 교훈을 한번 떠올려 보라!

4. 삶의 즐거움을 개발한다

겸손은 음식이나 잠, 성, 휴가, 원반던지기, 우중 산책, 우스운 농담에 웃기 같은 즐거움을 적절하게, 온전히 받아들일 수 있는 마음이다. 겸손한 사람은 이 모든 것을 하나님이 주시는 선물로 조금씩 받아들인다.

겸손에 관한 책에서 음식이나 성처럼 육체적 즐거움을 이야기하는 것이 이상할지도 모른다. 물론, 이를 남용할 수 있는 것도 사실이지만 지금은 적절한 선 안에서 즐기는 것에 대해 말하려고 한다(예를 들면, 결혼 관계 내에서 성관계를 맺는 것). 겸손과 (육체적 쾌락을 포함한) 삶의 즐거움 사이에는 깊은 연관성이 있다.

하나님은 우리를 몸을 지닌 피조물로 만드셨고, 우리의 몸은 그분이 주신 좋은 선물이다.[1] 교만, 특히 영적 교만은 육체적 쾌락을 경멸하고는 한다. 그러나 겸손한 사람은 그것을 하나님이 주신 선물로 감사히 받을 수 있다. 게다가 그 적절한 즐거움에는 영적 자양분이 풍부하고 겸손에 좋은 무언가도 있다.

5. 약점을 끌어안는다

겸손을 기르는 가장 강력한 방법은 우리를 불편하게 하거나 우리의 약점을 드러내는 상황을 끌어안는 것이다. 어느 누구에게나 취약함을 느끼는 어떤 특정한 상황이 있다. 평정심을 잃는 순간이나 최선의 모습이 아닌 순간, 혹은 약점이 드러나는 순간처럼 말이다.

생각해 보면 삶은 그런 순간으로 가득하다. 자기보다 훨씬 더 '성공한' 다른 목사들과 함께 시간을 보내는 목사, 사람들 앞에서 순종하지 않는 자녀를 둔 부모, 아는 사람 하나 없는 사교 모임에 참석한 내향형 인간, 나쁜 소식을 들을지도 모른다는 두려움을 안고 병원에 가는 노인의 삶….

우리 모두는 이런 상황에 얼마나 취약한지 잘 알고 있고, 인생에서 그런 느낌을 없애고 싶다는 유혹을 받는다. 그러나 자신의 강점 속에만 숨으려 하는 것은 유감스러운 일이다. 약점과 취약점을 끌어안는 것은 겸손을 배우는 심오한 방법이다. 겸손은 우리에게 다른 사람을 의지하라고 가르쳐 준다. 모든 일을 잘할 필요는 없다고 상기시켜 준다. 기술이나 재능이 아니라 복음에서 자신의 정체성을 찾도록 도와준다.

다음과 같이 말할 수 있다면 얼마나 멋진 일인가. "난 이걸 아주 잘하지는 못하지만 괜찮아. 어쨌든 해낼 거니까."

6. 자신을 희화화한다

자신을 희화화할 때도 다음의 몇 가지는 반드시 피해야 한다. 앞에서도 말했지만, 겸손은 절대 자기 경멸이나 자기 망신이 아니다.

우리는 건전하고 활력을 주는 방식으로 자신을 희화화할 수도 있다. 사람은 누구나 터무니없이 엉뚱한 짓을 한다. 누구에게나 유별난 구석이 있다. 우리 모두는 어떤 식으로든 조금 바보스럽다. 그렇기에 자신을 지나치게 진지하게 받아들이지 않고 다른 사람이 우리의 엉뚱함을 알아보든 말든 너무 걱정하지 않는 것이 건강하고 자유로운 태도다.

루이스가 쓴 『말과 소년』(The Horse and His Boy)에 등장하는 말 브레는 교만하고 허영심이 많다. 브레는 아슬란이 실제 존재하는 진짜 사자라는 사실을 믿지 않는다. 다른 등장인물을 깔보는 투로 말한다. 그는 자신의 외모에 대해, 나니아의 다른 말들이 바닥에 등을 대고 뒹구는지에 대해 과도하게 염려한다. 그런데 아슬란이 정말로 나타나 브레와 대면한다.

"자, 브레야. 가엾고 교만하고 겁에 질린 말아, 가까이 더 가까이 오너라. 아들아, 두려워 말고 오너라. 나를 만져 보렴. 냄새도 맡아 보고. 여기 내 발이 있고, 꼬리도 있고, 이게 내 수염이란다. 나는 틀림없는 짐승이야."
브레는 떨리는 목소리로 말했다. "아슬란 님, 제가 너무 어리석었어요."
"아직 젊을 때에 깨달았으니 앞으로 행복해지리라. 사람도 마찬가지다."[2]

여기 나오는 아슬란의 말은 아주 인상적인 내용을 함축한다. 모든 사람은 태생적으로 어리석다. 단지 차이가 있다면, 그 사실을 젊을 때 깨닫느냐 늙어서 깨닫느냐다!

죄는 어리석은 짓이고 우리 모두는 죄인이다. 이 말이 가혹하게 들릴지 모르지만 생각해 보면 이해가 된다. 그러나 우리는 평생 어리석음을 고쳐 갈 것이고 스스로를 너무 심각하게 여기지 않게 될 것이다. 시작은 빠르면 빠를수록 좋다!

7. 묘지를 찾는다

묘지를 거닐며 묘비에 쓰인 이름과 날짜를 읽어 본 적이 있는가? 약간 소름 돋는 이야기라는 것은 나도 안다. 그러나 이런 행동은 우리가 알고는 있지만 쉽게 잊어버리는, "모든 사람은 죽는다."라는 사실을 건전하고 생생하게 상기시킨다. 모든 묘비 하나하나는 꿈과 열망, 두려움, 목표를 지녔던 실존 인물을 나타낸다.

몇 년 전에 나는 야고보서를 강해하다가 "너희 생명이 무엇이냐 너희는 잠깐 보이다가 없어지는 안개니라"라는 4장 14절 말씀에 깊이 빠져들었다.

추운 밤, 밖에서 길을 걸으며 입김을 내뿜고는 그 숨결이 얼마나 오랫동안 지속되는지 지켜본 적이 있는가? 성경에 따르면 그것이 바로 우리다. 이 얼마나 겸손한 생각인가! 이렇게 정기적으로 우리 삶을 찬찬히 돌아보는 것은 대단히 겸손한 일이다. "우리에게 우리 날 계수함을 가르치사 지혜로운 마음을 얻게 하소서"(시 90:12).

하지만 놀랍게도 인생이 안개처럼 허무하다는 사실은 우리의 존재가 무의미하다고 절망하거나 내버릴 이유가 되지 않는다. 오히려 성경의 이 관점을 조금만 다른 각도에서 보면 그 메시지는 다음과 같다. **"인생은 안개와 같으니 즐기세요!"**

전도서도 그 점을 강조한다. 전도서는 피할 수 없는 인생의 허무함 앞에 우리를 겸손하게 만든다. 전도서는 "모든 것이 헛되다."라는 주제를 반복하는 한편, 다음과 같이 주장하기도 한다.

"사람이 하나님께서 그에게 주신 바 그 일평생에 먹고 마시며 해 아래에서 하는 모든 수고 중에서 낙을 보는 것이 선하고 아름다움을 내가 보았나니 그것이 그의 몫이로다"(전 5:18).

"너는 가서 기쁨으로 네 음식물을 먹고 즐거운 마음으로 네 포도주를 마실지어다 이는 하나님이 네가 하는 일들을 벌써 기쁘게 받으셨음이니라"(전 9:7).

"네 헛된 평생의 모든 날 곧 하나님이 해 아래에서 네게 주신 모든 헛된 날에 네가 사랑하는 아내와 함께 즐겁게 살지어다 그것이 네가 평생에 해 아래에서 수고하고 얻은 네 몫이니라"(전 9:9).

인생의 덧없는 본질을 이해하면 우리의 겸손이 자라고 매 순간을 있는 그대로 받아들이는 데에 도움이 된다.

8. 우주를 공부한다

이 말은 항상 새롭다. 나는 내가 얼마나 작은 존재인지, 하나님이 만드신 세계는 얼마나 큰지 설명하기를 포기했다. **아주 작다**는 표현과 **아주 크다**는 표현만으로는 너무 부족하기 때문이다. 하지만 우주를 공부하는 노력은 여전히 그럴 만한 가치가 있다.

그러니 12분 정도 시간을 낼 수 있다면 유튜브에서 루이 기글리오(Louie Giglio)의 "지구가 골프공이라면"(If the earth was a golf ball)을 검색해서 마음껏 즐기기 바란다.

나는 11분 22초쯤에 나오는 루이의 말을 정말 좋아한다. "이걸 보고 당신에게 무슨 일이 일어날지는 알 수 없지만, 제게 일어난 일을 말씀드리겠습니다. 위축감이 나를 엄습합니다. 그런데 기분 나쁜 위축감은 아닙니다. 기분 좋은 위축감이지요."

당신은 이런 **기분 좋은 위축감**을 느껴 본 적이 있는가? 이 느낌은 겸손의 길로 나아가는 과정의 일부다.

9. 천국의 예배를 묵상한다

나는 어떤 이유에서든 공동 예배에 참석하기 버거울 때마다 다음과 같이 생각하는 습관을 들였다. 바로 **지금 이 순간** 천사들이 승천하신 그리스도를 위해 천국에서 예배를 드리고 있음을 기억하는 것이다. 비록 내 귀에 들리는 찬송이 유치하거나 내 마음이

처진다고 하더라도, 이런 생각이 내 마음에 도움이 되지 못할 때는 거의 없다.

천국의 예배가 실재한다는 생각은 언제나 강력한 깨달음을 준다. 그리고 이는 이 땅의 것들을 균형 잡힌 시각으로 보게 하는 훌륭한 방법이다. 지금 이 순간에도 천군 천사들은 찬양하면서 경배하고 있다. 언젠가는 모든 사람이 예수 그리스도 앞에 무릎을 꿇을 것이다. 이런 생각은 우리의 성취와 어려움을 적절한 맥락에서 바라보게 한다.

지금 무엇이 강력한 천사들의 관심을 끌고 있는지 기억한다면, 자기 자신을 과대평가하기 어려워진다.

10. 모든 일을 겸손하게 한다

초대 교회 신학자 카이사레아의 바실리우스는 겸손에 대하여 유명한 설교를 남겼다. 그 설교의 중요한 주제 가운데 하나는 겸손이 인간 타락의 가장 대척점에 있다는 것이다. 타락은 교만에서 비롯되었고 피조물의 영광을 잃어버리는 결과를 낳았다. 반대로 하나님께로 돌아오는 것은 겸손에서 비롯되며 그 결과 우리는 천국의 영광을 얻는다.

인류의 타락을 언급하고 나서 바실리우스는 이렇게 썼다. "이제 인류의 확실한 구원, 상처의 치유, 그 시작으로 돌아가는 길은 겸손해지는 것이다. 다시 말해, 인간 스스로 영광의 망토를 입을 수 있다고 생각하지 말고 하나님께 영광을 구해야만 한다."[3]

바실리우스는 겸손이 우리의 가장 깊고 진실한 필요(상처의 치유)를 달래 주는 약과 같다고 생각했다. 겸손이 기쁨으로 가는 길인 이유도 그 때문이다. 모든 악의 본질이 교만이기에 죄에 대항하는 모든 과정의 본질은 항상 겸손이어야 한다. 겸손은 우리의 가장 깊은 곳에 있는 문제를 해결하는 치료 약이다.

교만은 삶에 스며들어 우리가 하는 모든 일에 영향을 미친다. 마찬가지로 겸손도 그래야 한다. 겸손을 추구하는 것은 그저 우리가 지향해야 할 덕목을 하나 더 추가하는 것이 아니다. 겸손이 우리 삶의 모든 측면에 침투하여 그 경험을 정의하는 특징이 되게 하는 것이다. 겸손은 여러 해야 할 일 중 하나가 아니라, 모든 일을 하는 방식이 되어야 한다.

그래서 겸손은 죄인이지만 사랑받는 우리의 지위를 복음 안에서 받아들이고, 이를 통해 자기 자신을 내려놓으며, 진실한 태도로 자신의 삶을 온전히 살아 내고, 이 모든 것을 하나님께서 주시는 놀라운 선물로 받아들이게 하는 완전히 새로운 삶의 접근 방식이다.

"오 주님, 주님께 영광 돌리는 진정한 겸손을 추구하는 방법을 우리에게 가르치소서. 우리가 전적으로 주님께 의지해야만 하는 우리의 약점을 받아들일 용기를 주소서. 우리에게 주신 삶을 충만히 누릴 수 있는 자유를 주소서. 들을 수 있는 귀, 볼 수 있는 눈, 감사하는 마음을 주소서. 우리가 하는 모든 일을 겸손으로 하게 하소서. 다른 사람들과 주님이 창조하신 세상을 향해, 무엇보다도 주님께 겸손하게 하소서."

◐ 생각해 볼 문제

1. 열 가지 방법 중 당신에게 가장 와닿는 방법은 무엇인가? 그 이유는 무엇인가?
2. 삶에서 겸손함을 기르는 데 유용하다고 생각하는 다른 방법이 있다면 무엇인가?

Humility

Part 2

겸손한 교회가 되려면

4 겸손한 리더십: 자유의 문화 만들기
5 동료 사이의 겸손: 시기심과 경쟁심 극복하기
6 리더를 향한 겸손: 순종의 참뜻 이해하기

chapter 4

겸손한 리더십
자유의 문화 만들기

지난 몇 년간 교회 지도자들이 저지른 수많은 권력 남용 사건이 세상에 드러났다. 이 사건들은 이루 말할 수 없을 정도로 사람들에게 악영향을 미쳤다. 적에게 받는 상처도 아프지만, **교회**에게 상처받았을 때의 고통과 정신적 혼란은 전혀 다른 차원의 문제다.

우리는 단순하게 교회 내에서 남을 괴롭히는 사람이 악한 사람이라고 생각하기 쉽다. 하지만 실상은 그렇게 단순하지 않다. 대다수가 처음에는 선한 동기로 시작하기 때문이다. 보통은 사소해 보이는 자만심이 오랫동안 지속되면서 서서히 억압적인 태도로 바뀐다.

수많은 중죄(권력 남용, 괴롭힘, 협박)가 궁극적으로는 겸손이 부족한 데에서 비롯된다. **누구든** 남을 괴롭히는 사람이 될 수 있다는 것, 이것이 바로 냉정한 진실이다. 우리에게는 이런 일이 절대 일어나지 않으리라는 것은 순진하기 짝이 없는 생각이다. 스트레스와 고통은 누구라도 망가뜨릴 수 있다. 성령님보다는 육체를 따라 생활하기만 하면 된다.

나는 극단적으로 이렇게 말하고 싶다. 권한을 가진 자리에 있다면, 당신은 종이 되거나 괴롭히는 사람이 되거나 둘 중 하나일 것이다. 당신의 권한이 겸손으로 드러나는지 아닌지에 따라 다른 사람들은 그것을 자유 혹은 억압으로 경험하게 될 것이다.

어떻게 하면 우리는 억압이 아닌 자유의 문화를 만들 수 있을까? 다음 다섯 가지 방법을 생각해 보자.

1. 타인을 신뢰하기로 마음먹기

지도자의 경우, 자신에게 부족한 재능을 가진 다른 사람으로부터 위협을 받기 쉽다. 예를 들어 당신이 담임 목사인데 교인들이 부목사의 설교에 더 열정적으로 반응한다고 가정해 보자. 활기찬 분위기가 느껴진다. 설교를 마친 후 웅성거림도 들린다.

당신이 리더라면 이와 유사한 일을 경험하게 될 것이다. 그런 상황은 당신의 리더십이 건전한 문화를 만드는지 억압적인 문화를 만드는지를 시험할 것이다. 앞서 예시로 든 상황에서는 부목사를 끌어내리기 위해 여기저기 말을 흘리거나 아예 설교하지 못하게 하기 쉽다(하지만 그 경우에는 이유를 대야 할 것이고 그때부터 당신은 괴롭히는 사람이 될 것이다).

하지만 어떤 목회도 그런 식으로는 부흥할 수 없다. 당신이 그 길을 걷기 시작한다면 끝은 어떻겠는가? 다른 사람들이 번영하고 자아를 발견하는 문화 대신, **당신**만을 위한 문화를 만들게 될 것이다. 그러니 당신은 당신의 리더십 아래에 있는 사람들이 당신을 능가할 때 위협을 느끼지 않도록 노력해야 한다.

그 비결 중 하나는 그저 **타인을 신뢰하기로 마음먹는** 것이다. 그것이 쉽지 않다는 것, 특히나 신뢰를 주었다가 배신당해 본 사람에게는 더욱 그렇다는 것을 나도 안다. 하지만 이것은 맹목적인 신뢰를 뜻하지 않는다. 예를 들어, 당신이 담임 목사인데 부목사가 당신을 깎아내리고 장로들 사이에서 부당한 영향력을 행사하려 한다는 것을 알게 되었다면 그 상황에 대처해야 한다. 그러나 부목사에게 그런 의도가 **없고** 그저 설교를 잘하는 것일 뿐이라면, 부목사의 은사가 당신을 깎아내릴 것이라는 두려움을 떨쳐내야 한다.

신뢰하기로 마음먹은 뒤에 찾아오는 취약함을 인정하자. 냉소하기보다는 차라리 쉽게 속아 넘어가는 편을 택하라. 스스로를 과잉보호하지 말라.

그러기 위해서는 복음에 우리의 정체성을 뿌리내려야 한다. 그리스도로부터 안정감을 얻을 때, 당신은 설교의 은사를 지닌 부목사를 격려할 만큼 자유를 누릴 수 있다. 부목사를 세워 주자. 그가 번영하고 발전할 수 있도록 최선을 다해 돕는 것을 당신의 개인 목표로 삼자.

지도자로서 당신이 얼마나 많은 권한을 다른 이들에게 부여하고 있는지, 얼마나 많이 다른 사람을 신뢰하고 있는지 때때로 취약함을 느끼지 않는다면 아마도 당신은 겸손한 리더가 아닐 가능성이 크다.

2. 주변 사람 의지하기

이와 연관된 유혹은 모든 일을 직접 하려는 것이다. 이는 번아웃을 부르는 지름길로서, 자만에서 비롯된다. 겸손한 리더는 기꺼이 권한을 위임한다. 모든 일에 관여하지 않는다. 자신이 중심이 아니며, 또한 모든 일에 능숙하지 않음을 알고 있다.

이는 **다른 사람이 당신과 다른 방식으로 일할 수 있음을 받아들이고 그래도 정말로 괜찮다는 의미다.** 만약 그 차이가 확실한 윤리적 문제가 아니라면, 당신은 그저 다름을 받아들이면 된다. 그러므로,

- 당신이 보기에는 당회를 인도하는 장로의 방식이 덜 효율적이라 하더라도, 그에게 회의 진행을 맡기라. 끼어들어서 대화를 장악하고 싶은 유혹을 물리치라.
- 교육 담당 목사의 사무실이 조금 지저분하더라도 잔소리하지 말라.
- 예배 인도자가 당신보다 격식이 덜해도 괜찮다.

모든 사람이 당신과 똑같은 방식으로 일해야 하는 것은 아니다. 명확한 문제가 있을 때 필요한 경우라면 바로잡으라. 하지만 되도록이면, 그들이 스스로 배우게 하라. 지도자도 융통성을 발휘해 다른 사람들에게 적응할 필요가 있다. 당신도 당신이 복종해야 하는 더 큰 조직의 일부라는 사실을 기억하라.

내가 목회자로서 다른 사람을 의지하는 데 도움을 얻은 효과적인 방법 하나는 팀으로 일하는 것이다. 정관을 개정하려 한다면 그 과정을 감독할 팀을 지정하고, 사람을 고용하려 한다면 인사 위원회를 구성한다. 팀으로 일하면 당신이 통제할 수 없기 때문에 효율성이 떨어지고 위협이 될 수도 있다(이 팀이 내 의견에 반대하면 어떡하지?). 하지만 나는 이것이 특히 큰 규모의 결정과 절차에서 건전한 방식이라고 생각한다.

팀으로 일하는 것은 자연스러운 상호 책임감을 만들어 낸다. 그리고 이 상호 책임감에서 나오는 다양한 관점이 과정과 결과에 영향을 미친다. 이러한 방식은 결과가 어떻든 간에, 팀원 모두가 그 일의 주인이며 함께 헌신했다는 의식을 공유하게 한다. 그리고 팀 외부의 사람들에게 신뢰를 얻도록 도와준다. 그뿐만 아니라 팀원 간에 리더십 개발과 인재 발탁의 기회도 제공한다. (그 과정에서 장차 장로가 될 인재를 발견할 수도 있다.)[1]

3. 격려하는 환경 만들기

격려는 리더가 가진 가장 강력한 도구다. 우리는 이 능력을 직접 공동체를 위해 사용할 수 있을 뿐만 아니라, 우리가 이끌고 있는 공동체의 **문화** 전체에 영향을 끼쳐서 서로 격려하는 분위기를 만들 수도 있다.

어떤 리더십이든 간에 나머지 구성원은 결국 리더가 이끄는 대로 따라간다. 그러니 우리가 규칙적으로 다른 사람들을 격려한다면 그들도 우리의 격려를 알아차리고 영향을 받아 똑같이 서로를 격려하게 될 것이다.

그래서 나는 '의도적인 격려'를 주간 계획에 집어넣으려 애썼다. 내 계획은 대개 사람들에게 짧은 문자나 이메일을 보내는 것처럼 간단한 일이다. 이렇게 하루 중 고작 30초면 할 수 있는 작은 표현조차도 누군가에게는 변화를 가져올 수 있다. (우리는 이런 행동을 해야 한다는 것을 의도적으로 기억하기만 하면 된다.)

이 계획을 실천하다 보면, "정말 적절한 때 보내 주셨네요." 또는 "오늘 제가 정말 듣고 싶었던 말입니다."라는 답을 받는 경우가 흔해서 놀란다. 그래서 나는 **대부분의** 사람이, **대부분의** 경우에 격려가 필요하다고 결론지었다. 이처럼 우리가 다른 사람을 지도하고 인도하는 과정에서 이 사실을 기억하고 격려를 실천하는 일은 굉장히 중요하다.

흔히 리더십이란 주로 바로잡고 가끔 격려하는 일이라 생각하는데, 정확히 그 반대가 되어야 한다. 격려가 일상적이고 바로잡는 일에는 인색해야 한다.

우리가 이끄는 곳에 이런 분위기를 만드는 한 가지 방법은 의도적인 격려 시간을 갖는 것이다. 예를 들면, 회의 도중에 다른 참석자에게 감사를 표현하는 다정한 말을 건넬 기회를 준다. 이를 실천하는 방법이 강압적이거나 유치하게 느껴질 수도 있지만, 그 영향력은 정말 놀라웠다. 그러니 직접 시도하여 확인해 보기를 바란다.

격려하는 문화를 만드는 또 다른 방법은 '성공 사례'를 널리 알리는 것이다. 예를 들면, 교회의 평신도가 이웃에게 복음을 전했다면 그 경험을 다른 성도들에게 나누어 달라고 부탁한다. 혹은 주일 학교에서 신실하게 섬기는 자원봉사자가 있다면 그의 섬김을 공개적으로 강조하여 교회가 이 사명을 그리스도께 영광을 돌리는 중요한 사역으로 여기도록 한다.

하나님이 이런 방식으로 일하고 계심을 널리 알리는 일은 여러 모로 멋진 결과를 가져온다. 봉사하는 사람을 인정해 주고, 비슷한 방법으로 봉사하는 다른 사람들을 격려하며 동기를 부여한다. (그들은 "와, 내가 하는 일이 중요하구나!"라고 생각한다.) 또한 다른 사람들이 그 사람을 본보기로 따르도록 가르친다. (사람들은 속으로 "나도 할 수 있겠어!"라고 생각한다.) 목회는 리더만의 사역이 아니며, 모든 사람의 역할이 중요하다는 사실을 강조한다. 이는 그 집단의 전반적인 사기에 놀랍도록 긍정적인 영향을 미친다.

4. 온화하게 바로잡기

잘못을 바로잡는 것이 리더의 **주된** 역할은 아니지만, 효과적인 리더십에는 때때로 교정이 꼭 필요한 것도 사실이다. 지도자가 문제 해결을 주저하거나 두려워할 때, 죄와 역기능은 점점 심화된다. 이는 우리가 기꺼이 곤란한 대화를 나누고, 필요한 경우에는 징계 조치까지도 취해야 한다는 뜻이다.

다른 사람을 바로잡을 때는 온화한 마음으로 해야 한다. 온화함은 나약함이 아니라 누군가를 시노할 수 있는 힘이다. 그리스도께서도 우리를 바로잡을 때 그렇게 하신다. "그는… 그릇된 길을 가는 무지한 사람들을 너그러이 대할 수 있습니다"(히 5:2, 새번역 성경).

어떻게 해야 온화하게 바로잡을 수 있을까? 첫째, 직접 만나 바로잡는다. 문자 메시지는 온화하게 쓰기가 훨씬 더 어렵다. 누군가와 함께 있으면 더 마음이 약해지기 때문에 상대방에게 부드럽게 다가갈 수 있다. 둘째, 가능한 한 격려라는 맥락에서 바로잡는다(예를 들면, "정말 수고하셨습니다. 그런데 이렇게 했다면 좀 더 효과적이었을 것 같습니다…"). 진부하게 들릴 수도 있지만, 정말 효과가 있다! 셋째, 교정을 받는 기분이 어떨지 생각해 본다. 당황스럽기도 하고 고통스러울 수도 있다. 그러니 최대한 절제하고 친절하게 대한다. 그리고 교정을 받는 사람과 공감대를 형성한다. 잘난 체하지 말고 상대방이 이해했다면 바로 다음으로 넘어간다.

또한 말이 아닌 본으로 다른 사람을 바로잡아야 함을 기억한다. 베드로는 장로들이 그 보살핌을 받는 사람들에게 어떻게 권위를 드러내 보여야 하는지를 이렇게 설명한다. "맡은 자들에게 주장하는 자세를 하지 말고 양 무리의 본이 되라"(벧전 5:3).

베드로가 지배자형 리더십의 대안으로 '**본**'을 제시하는 점이 흥미롭다. 본을 보이는 것이야말로 진정한 겸손이 아닐까? 이는 우리 관심의 첫 번째 초점이 언제나 우리 자신이어야 한다는 뜻이다. 다른 사람에게서 바로잡아야 할 것이 떠오를 때마다, 스스로에게서 바로잡아야 할 것을 찾는 데 더 많은 시간을 써야 한다.

5. 기꺼이 사과하기

리더십을 대개 다른 사람에게 할 일을 지시하는 것이라 생각하기 쉽다. 그런데 사실 리더십은 우리 **자신의** 행동과 더 많은 관련이 있다. 예를 들면, 리더는 회개의 모범을 보여야 한다. 우리는 가장 먼저 갈등을 누그러뜨리고, 가장 적극적으로 용서하고 상황을 바로잡는 최고의 참회자가 되어야 한다. 그렇게 하면 취약함을 느끼게 되겠지만, 진정한 리더십이란 바로 그런 것이다.

내가 어린 네 자녀의 아버지로서 배운 것이 이것이다. 때때로 아이들을 바로잡고 싶은 마음이 들 때가 있는데, 그럴 때 나는 즉시 멈추고 이렇게 생각한다. "이건 교정할 필요가 없는 일이야. 내가 진정하면 돼." 또 어떤 때는 내가 성급하고 온화하지 못하다는 생각이 들기도 한다. (그 성급함이 아무리 정당하게 보인다 하더라도) 사실 그것은 잘못된 것이다. 부모로서 이런 사실을 알아채고 인정하는 것은 겸손한 일이다.

그러나 내가 깨달은 가장 멋지고 놀라운 교훈은 내가 아이들에게 사과했을 때 **아이들이 정말로 기꺼이 나를 용서한다는 것이다!** 상황이 금세 좋아진다. "아들, 조금 전엔 아빠가 성급했다. 미안해. 아빠를 용서해 줄래?" 이런 단순하고 힘 있는 말이 놀라운 효과를 발휘한다. 자녀들에게 기꺼이 이런 말을 하는 것은 내가 할 수 있는 그 어떤 훌륭한 조언보다도 우리 가족 문화에 좋은 영향을 미친다.

우리 자신은 적극적으로 사과하지 않으면서 왜 우리의 보살핌을 받는 사람들은 사과하길 바라는가? 우리는 그들에게 참회의 모범을 보이지 않으면서 왜 그들이 참회하는 법을 스스로 깨닫길 바라는가?

당신이 리더라면 당신이 보살피는 사람들에게 당신의 실수를 기꺼이 인정하라. 당신이 틀렸을 때 "그래요, 근데 **진짜** 내 말뜻은…."이라고 하지 말라. (사람들이 얼마나 자주 그러는지 알고 있는가?) 대신 "내가 틀렸네요."라고 말하라.

다른 사람 앞에서 진심으로 겸손하라. **그렇게 하면 사람들이 반응할 것이다.** 그런 겸손이 미치는 영향력과 겸손이 만들어 내는 자유로움에 깜짝 놀라게 될 것이다.

"우리 주 예수님, 당신은 이 모든 일에 우리의 본이 되십니다. 당신은 몸을 굽혀 제자들의 발을 씻기신 섬기는 리더이십니다. 주님은 주님의 권리를 버리고 가장 낮은 자리에 임하셨습니다. 오 주님, 주님이 우리를 인도하신 것처럼 우리가 우리의 보살핌을 받는 사람들을 잘 인도할 수 있도록 도우소서. 주님께서 우리에게 하신 것처럼, 겸손과 사랑으로 이끌 수 있게 우리를 가르치소서."

● 생각해 볼 문제

1. 당신이 리더로서 위협을 느끼는 상황은 언제인가? 그런 상황에서 겸손히 반응할 수 있는 방법은 무엇일까?
2. 당신을 지도하는 위치에 있는 사람이 당신에게 사과한 적이 있는가? 그것이 당신에게 어떤 영향을 미쳤는가?
3. 당신 주변에 격려가 필요한 사람들은 누구인가? 그들을 격려할 수 있는 실제적인 방법은 무엇인가?

chapter 5

동료 사이의 겸손
시기심과 경쟁심 극복하기

이번 장은 동료(자녀처럼 우리의 권위 아래 있거나 목회자나 상급자처럼 우리의 권위 밖에 있는 사람)에게 겸손함을 보이는 것을 다룬다.

따라서 4-6장 중에서 우리 일상에 가장 광범위하게 적용할 수 있다. 교회라는 상황에서 동료는 교회의 모든 구성원을 포함하는데, 만약 당신이 목사라면 다른 목사들도 포함한다.

동료 관계에서 교만은 **시기**라는 형태로 자주 나타난다. 물론 교만이 모습을 드러내는 방식이 이것뿐만은 아니지만, 특히 흔한 형태이므로 생각해 볼 만한 가치가 있다.

시기는 왜 대죄인가

몇 년 전에 나는 시기심에 대해 설교한 적이 있다. 그전에는 깊이 생각해 본 적이 없었기에 이 특별한 악습에 관한 연구는 흥미로운 동시에 두려웠다.

일반적으로 우리는 교만이 모든 악습 가운데 최고이며 겸손의 반대라고 생각하는데, 맞는 말이다. 루이스는 교만을 "근본적인 악습"이라 칭하며 이렇게 썼다. "악마는 바로 이 교만 때문에 악마가 되었습니다. 교만은 온갖 다른 악으로 이어집니다. 이것은 하나님께 전적으로 맞서는 마음 상태입니다."[1] 이와 비슷하게 에드워즈도 교만이 "우주에 가장 먼저 들어왔고 가장 마지막에 뿌리 뽑힐 죄이며, 하나님의 가장 완고한 적!"[2]이라고 썼다.

시기는 이러한 교만과 밀접하게 연관되어 있고 교만과 가까운 곳, 악의 가장 근원이 되는 곳에 있다. 교만은 악의 근원이며, 시기는 교만으로 인해 반드시 그리고 즉시 맺히는 열매인데, 이는 특히나 동료들에게 교만할 때 그렇다.

시기란 정확히 무엇일까? 보통은 다른 사람의 장점에 대해 불쾌하고 분한 감정을 느끼는 것을 시기라고 말한다. 나는 아퀴나스의 간단하면서도 통찰력 있는 정의가 마음에 든다. 그는 "다른 이의 잘됨을 슬퍼하는 것"[3]이 시기라고 했다.

이 정의에 근거하여, 시기가 얼마나 **악의적**인지 잠시 생각해 보자. 사실, 교만이 겸손의 반대인 것처럼 시기도 사랑의 반대라고 할 수 있다. 사랑은 이렇게 말한다. "네가 행복하면 나도 행복하고 네가 슬프면 나도 슬퍼." 시기는 이렇게 말한다. "네가 슬프면 나는 행복하고 네가 행복하면 나는 슬퍼." 이보다 더 끔찍한 게 있을까?

모든 죄 가운데서도 시기가 특히나 치명적인 이유가 두 가지 더 있다.

첫째, 시기는 다른 죄보다 훨씬 미묘하고 눈에 띄지 않는다. 당신이 살인하고 싶다는 생각에 시달린다면 대개는 적어도 자신이 무슨 생각을 하고 있는지는 안다. 그러나 시기는 완전히 사로잡혀도 전혀 알아차리지 못할 수 있다. 시기는 우리 마음속에 숨어 있다. 교만과 마찬가지로, 시기에 굴복할수록 그것이 우리에게 미치는 영향에 눈이 멀게 된다. 최악의 죄는 대부분 그런 경우가 많다.

둘째, 시기는 가장 비참한 악습 중 하나다. 다른 악습은 순간적으로나마 어떤 쾌락을 준다. 그러나 시기는 하나부터 열까지 그저 불쾌할 뿐이며 끊임없이 기쁨을 훔친다.

복권에 당첨되었다고 상상해 보자. 행복할까? 시기하면 행복하지 않다. 시기는 곧바로 찾아와 이렇게 말할 것이다. "근데 정부가 돈을 얼마나 떼어 갔는지 봐. 그리고 누구누구는 여전히 나보다 큰 집을 갖고 있어. 왜 나는 다른 사람만큼 당첨금을 받지 못했을까?"

우리 삶에 시기가 망가뜨리지 못할 기쁨은 없다. 우리가 무엇을 가졌건 시기는 이렇게 말한다. "그래, 넌 이걸 가졌지. 하지만 저건 없어."

당신 마음에 속삭이는 이런 목소리를 들어 본 적이 있는가?

- "그래, 내가 이 대학에 합격했는지는 몰라도 **저** 대학에는 합격하지 못했잖아."
- "그래, 내가 돈을 많이 벌었는지는 몰라도 그 돈을 쓸 시간이 없잖아."
- "그래, 내 교회가 성장하고 있는지는 몰라도 누구누구가 가진 기회는 주어지지 않았잖아." (그렇다. 목회자들은 이런 생각을 한다. 안타깝게도, 우리는 시기에 취약한 편이다.)

극단적인 시기에 관한 표현이 에덴동산에 등장한다. 아담과 하와는 말 그대로 낙원에 있었는데 시기가 나타나 이렇게 말했다. "그래, 너희가 낙원에 있는지는 몰라도 너희가 하나님은 아니야." **시기는 어떤 천국도 지옥으로 만들 수 있다.** 시기는 우리가 천국을 경험하는 방법 자체를 보지 못하게 하고 왜곡한다. 데릭 키드너(Derek Kidner)가 말했듯, "시기나 불평만큼 분별을 흐리는 것도 없다. 에덴동산에서 뱀은 그 부분을 건드려서, 낙원조차 부족하고 불만족스러운 곳으로 보이게 만들었다."[4)]

내가 이 이야기를 계속하는 이유는, 시기가 우리 삶에 있는 불행의 거대한 원천이며 종종 우리가 완전히 알아채지 못하는 방법으로 나타나기 때문이다. 특히, 시기는 우리가 끊임없이 자신을 다른 사람과 비교하게 만드는 소셜 미디어에 숨어 있다.

나는 우리가 이 사실을 깨달아 기뻐하는 삶에 있어 겸손이 얼마나 중요한지 이해할 수 있기를 바란다. 겸손은 우리가 시기와 맞서는 전투 방식이다. 그러므로 우리 마음속에서 벌어지는 겸손과 시기의 싸움보다 더 중요한 것은 없다. 이는 천국과 지옥의 전투만큼이나 치열한 결전이다.

그렇다면 시기심에 맞서 싸우며 겸손을 추구하는 것은 실제로 어떤 모습일까? 네 가지 방법을 소개한다.

1. 복음을 즐겨 듣는다

첫째, 그리스도의 풍성한 사랑으로 마음을 가득 채워야 한다. 경이로운 복음이 우리 영혼 구석구석에 스미도록 해야 한다. 주님의 사랑, 주님의 기쁨, 주님의 선하심이 우리의 가장 깊은 곳으로 흘러가서 우리를 질투에 시달리게 하는 욕구와 갈망을 충족시키도록 해야 한다. 그렇다면 이는 구체적으로 어떤 모습일까?

당신이 사는 집에 아주 고요한 작은 정원이 있다고 상상해 보자. 꽃들이 아름다운 향기를 뿜어내고 새들이 지저귀며 공기는 신선하다. 살다가 스트레스를 받을 때면 당신은 정원으로 가서 잠깐 마음을 비울 수 있다. 그곳은 당신에게 안식처이자 피난처다. 무슨 일이 생기더라도 당신은 정원에 은신하여 정서적 건강을 회복할 수 있을 것이다.

복음이 그리스도인에게 하는 역할이 바로 이것이다. 복음은 은신처이자 피난처요, 회복을 위해 찾는 정원이다. 복음은 무료이고 언제나 그곳에 있으며 우리의 필요를 채우기에 충분하다.

어떻게 이것이 가능한지 시편에서 알 수 있다. 시기심과 싸우는 시편 기자의 솔직한 고백이 얼마나 위안이 되는지 모른다! 시편 73편은 아삽의 고군분투를 담고 있다. "이는 내가 악인의 형통함을 보고 오만한 자를 질투하였음이로다"(시 73:3). 그리고 악인의 오만과 잔인함에도 불구하고 그들의 삶이 얼마나 안락하고 형통한지 계속 이야기한다(시 73:4-12). 심지어는 자신의 정직함이 헛되다고 느끼는 지경에 이른다(시 73:13).

아삽은 어떻게 시기를 이겨 냈을까? 부분적으로는, 악인의 진정한 운명을 깨달았을 것이다. 이것은 우리가 언제 악인을 시기하는지 아는 데에도 도움이 된다. 하지만 최고의 해결책은 하나님이 자기에게 어떤 의미인지를 새롭게 깨닫고 인지한 것이었다.

"내가 항상 주와 함께 하니
주께서 내 오른손을 붙드셨나이다

주의 교훈으로 나를 인도하시고

후에는 영광으로 나를 영접하시리니

하늘에서는 주 외에 누가 내게 있으리요

땅에서는 주 밖에 내가 사모할 이 없나이다

내 육체와 마음은 쇠약하나

하나님은 내 마음의 반석이시요 영원한 분깃이시라"(시 73:23-26).

우리의 시기를 해결하는 방법 역시 하나님 안에서 만족함을 찾는 것이다. 하나님은 복음을 통해 우리에게 그분 자신을 주셨다. 하나님이 우리의 분깃이시다. 우리 삶의 가장 큰 목표시다. 우리는 영광 가운데 영원히 그분과 함께할 것이다. 우리가 이 세상을 살아가는 모든 날 동안, 하나님은 끊임없이 우리와 함께하시고 우리를 이끄시며 우리 손을 잡아 주신다.

이 말씀 위에 마음을 두라. 지금 어려움에 빠진 당신에게 진정으로 말씀이 임하게 하라. 시편 73편 23-26절을 반복하며 주님께 기도하고, 마음으로 느끼게 해 달라고 간구하라.

2. 진짜 적이 누구인지 기억한다

시기는 우리와 동료 사이에 경쟁심을 만든다. 특히 목회자와 사역자 사이에서도 그렇다. 안타깝게도, 그런 일은 매우 흔하다.

예를 들어, 어떤 목사는 다른 목사에게 은사가 더 많다거나 다른 목사의 교회가 더 크다는 사실에 위협을 느낄 수 있다. 혹은 이런 생각이 들 수도 있다. "저 사람은 트위터 팔로워가 어쩜 저렇게 많지?" 아니면, 누군가가 가진 영향력을 보고 왜 하나님은 자신의 사역에는 비슷한 복을 부어 주시지 않느냐고 질문할 수도 있다.

이런 불쾌한 감정을 방지하는 강력한 방법은 그리스도를 섬기는 모든 이가 궁극적으로 한 팀이라는 사실을 기억하는 것이다. 나는 바울이 로마서 12장에서 영적 은사를 다루기 바로 전에 겸손에 관해 명령한다는 사실에 종종 놀라곤 했다. "너희 각 사람에게 말하노니 마땅히 생각할 그 이상의 생각을 품지 말고"(롬 12:3). 영적 은사와 겸손은 무슨 관련이 있을까?

뒤이어 나오는 말씀에 답이 있다. "우리가 한 몸에 많은 지체를 가졌으나 모든 지체가 같은 기능을 가진 것이 아니니 이와 같이 우리 많은 사람이 그리스도 안에서 한 몸이 되어 서로 지체가 되었느니라"(롬 12:4-5). 겸손은 그리스도의 몸이라는 맥락에서 우리 자신을 바라볼 때 생겨난다. 우리는 모두 각자 고유한 역할을 가진 한 몸의 지체다.

우리는 모두 한 팀이기에 저 목사는 나의 적이 **아니다**. 그는 내 형제다. 우리에게는 사탄이라는 공통의 적이 있다. 영적 영역과 그곳에서 벌어지는 빛의 군대와 어둠의 군대 사이의 전투를 기억하는 것에는 뭔가 특별한 힘이 있어서, 놀라울 정도로 생각이 명쾌해지고 정신을 차리게 된다. 그러면 진짜 전투가 어디에서 벌어지고 있는지 알 수 있다.

당신이 목회자라면 이렇게 생각해 보자. 당신이 시기하는 목회자가 사탄의 명부에 올라 있다. 사탄은 그를 넘어뜨리고 싶어 한다. 이 사실이 당신의 관점을 바꾸는 데 조금이나마 도움이 되지 않는가? 그의 성공을 응원하는 것이 더 쉬워지지 않는가?

3. 당신의 시기를 부르는 사람에게 복 주시기를 하나님께 구한다

작곡가이자 지휘자인 레너드 번스타인(Leonard Bernstein)은 언젠가 어떤 악기가 가장 연주하기 까다롭냐는 질문을 받은 적이 있다. 알려진 바로는 이렇게 대답했다고 한다. "제2바이올린입니다. 제1바이올린 연주자는 얼마든지 찾을 수 있지만, 열정적으로 제2바이올린을 연주하는 사람은 정말 찾기 어렵습니다. 그런데 제2바이올린이 없다면 듣기 좋은 음악을 만들 수 없습니다."[5]

이 얼마나 삶에 대한 강력한 통찰인가! 세상은 제1바이올린을 연주하려고 경쟁하는 사람들로 가득하다. 그런데 우리는 열정을 가지고 제2바이올린을 연주할 수 있는가? 자신의 고유한 역할을 발견하고 그 역할에 만족할 때 거기서 번영이 일어나고 인생이 흥미로워지며 기쁨이 솟아난다.

이런 태도를 추구할 수 있는 한 가지 방법은 다른 사람에게 복 주시기를 하나님께 기도하는 것이다. 각광받는 제1바이올린 연주자를 위해 진심으로 축복하라. 그들이 번영하게 해 달라고 하나님께 간구하라.

쉽지 않은 일이다! 당신은 이렇게 말할지도 모른다. "하지만 난 하나님이 그 사람에게 복 주시길 원하지 않아요!" 아, 그러면 그렇게 원하기를 **원하는** 마음은 있는가? 우리 기도가 우리 욕망을 다듬을 수 있다. 하나님이 다른 누군가에게 복 주시기를 기도하면 할수록 당신 마음속 시기의 촉수는 점점 약해진다.

최근에 내 형 데인 오틀런드(Dane Ortlund)가 『온유하고 겸손하니』(Gentle and Lowly)[6]라는 제목의 훌륭한 책을 한 권 썼다. 바라건대 지금쯤은 내가 형이 아니라는 사실을 눈치챘길 바란다. 만약 당신이 나를 형으로 착각하고 이 책을 구입했다 하더라도 여기까지 읽어 주어 기쁘다!

하나님의 은혜로, 나는 형이 작가로 거둔 성공을 보고 특별히 배가 아프지는 않았다. 하지만 시기는 유혹이 될 수 있다고 생각했기 때문에 나는 일찌감치 시기 근처에는 얼씬도 하지 않기로 했다.

그래서 나는 하나님이 형의 책을 어떻게 사용하셨는지 들을 때마다 하나님이 그 책을 더 많이 활용해 주시기를 기도하는 습관을 들였다(형의 책은 아주 훌륭하기 때문에 나는 진심으로 그렇게 기도할 수 있었다.). 책이 많이 팔렸다는 소식을 들을 때마다 더 많이 팔리기를 기도했다. 나는 지구의 모든 사람이 그 책을 다섯 권씩 갖게 될 때까지 책이 계속 팔리기를 기도할 것이다.

당신의 시기심을 불러일으키는 사람을 위해 기도할 수 있는가? 물론 그 기도는 사람마다 다른 모습일 것이다. 당신이 시기하는 사람이 시편 73편에서 아삽이 묘사한 악인이라면, 당신은 하나님께서 그에게 같은 의미의 '복'을 주시기를 진심으로 기도하지는 않을 것이다. 다만 그의 구원이라는 복을 위해 기도할 수는 있다.

하지만 슬프게도 우리는 너무도 많은 시간을 그리스도 안에서 형제자매 된 다른 사람들을 시기하며 보낸다. 그렇게 시기하고 싶은 마음이 들 때, 하나님이 그들의 삶에 복 주시기를 기도하는 것은 시기심을 우정과 격려, 선의의 감정으로 대체하는 데 도움이 된다.

"주님, 우리가 열정을 가지고 제2바이올린을 연주하는 법을 배우도록 도우소서!"

4. 그리스도의 영광을 당신의 주된 목적으로 삼는다

언젠가 코리 텐 붐(Corrie ten Boom)은 겸손해지는 것이 어렵지 않느냐는 질문을 받았다. 그는 이렇게 대답했다고 한다.

예수님이 종려 주일에 나귀를 타고 예루살렘으로 들어가셨을 때 사람들은 종려나무 가지를 흔들고 옷가지를 길바닥에 깔면서 찬양했습니다. 과연 나귀의 머릿속에 단 한 순간이라도, 사람들이 자기를 위해 그렇게 한다는 생각이 떠올랐을까요? 제가 만약 그리스도께서 영광 가운데 타시는 나귀가 될 수 있다면 저는 모든 영광과 존귀를 그분께 돌릴 겁니다.[7]

이것은 특히 우리 같은 사역자가 기억해 두면 좋을 장면이다. 우리는 그저 나귀일 뿐이다! 우리는 자신의 왕국이나 명성이 아니라 그리스도의 왕국과 명성을 세우고 있다. 우리의 삶은 그리스도를 위한 찬양과 영광과 명성의 도구로 섬기는 것을 제외하고는 우리에게 아무런 의미가 없어야 한다.

이것이 위협적이거나 실망스럽게 보일 수도 있다. 하지만 그래서는 안 된다! 우리는 그리스도의 영광을 위해 섬기는 이 소명을 나쁜 소식으로 들어서는 안 된다! 우리의 뜻보다 그분의 뜻을 섬기는 것이 훨씬 더 멋진 일이다! 자신의 영광을 추구하는 것은 한심하고 재미없다. 그러나 예수 그리스도의 영광을 추구하는 것은 삶을 나 바쳐도 아깝시 않을 만큼 가장 스릴 넘치고 매혹석인 모험이다.

바로 지금, 천국의 모든 성도와 천사가 부활하신 예수님을 예배하고 있다고 생각해 보자. 온 하늘이 찬양으로 들썩인다. 이 최고의 콘서트는 절대 끝나지 않을 것이다. 요한계시록 5장에서 계속 반복되는 단어는 무엇인가? '**합당하다**'(worthy)라는 말이다.

"큰 음성으로 이르되 죽임을 당하신 어린양은 능력과 부와 지혜와 힘과 존귀와 영광과 찬송을 받으시기에 합당하도다 하더라"(계 5:12).

나는 이 단어를 좋아해서 예배를 드릴 때 자주 되새긴다. 그리스도께서는 우리 예배를 받으시기에 **합당하다**. 당신의 마음에도 와닿는가? 이 말은 그리스도께서 아주 큰 일을 성취하셨기에 우리가 그리스도를 예배하지 않고 그분께 영광을 돌리지 않는 것은 불의를 저지르는 일과 마찬가지라는 뜻이다. 예수님은 마땅히 영광을 받으셔야 한다. 그리스도께서 예루살렘에 입성하시면서 바리새인들을 꾸짖으셨던 일을 기억하는가? 그분은 만일 사람들이 그리스도를 찬양하지 않는다면 "돌들이 소리 지르리라"(눅 19:40)라고 말씀하셨다. 예수님은 **반드시** 찬양받으셔야 한다.

왜 그럴까? 그분이 하신 일을 다시 생각해 보자. 예수님은 우리 가운데 한 사람으로 세상에 오셔서 최악의 죽임을 당하셨다. 그런 다음, 세상에서 가장 놀라운 승리로 악을 영원히 물리치셨다. 이것은 역사상 가장 위대한 이야기요, 가장 스릴 넘치는 드라마다.

이것이 바로 우리가 동참하고 있는 이야기다! 이분이 바로 우리가 섬기는 분이다. 이 땅에 존재하는 모든 피조물의 예배를 받으시는 분이다. 언젠가 모든 사람이 그분 앞에 무릎 꿇고 모든 입이 그분을 고백할 것이다(빌 2:10-11).

이런 사실이 당신의 마음을 채운다면, 근처에 있는 다른 교회가 부흥하더라도 쉽게 위협을 느끼지 않을 것이다. 그 교회의 형제자매도 우리와 마찬가지로 예수 그리스도의 영광이라는 같은 아름다운 목적을 위해 힘쓰고 있기 때문이다(그 교회가 신실한 교회라면 말이다). 만일 우리가 한 사람의 그리스도인으로서 그리스도의 영광에 집중한다면, 다른 무리의 그리스도인들이 비본질적인 교리에 대해 나와 다른 견해를 갖고 있더라도 그들을 응원할 수 있을 것이다.

우리가 주인공이 아니라는 사실을 받아들이면 기쁨이 있다. 그 사실은 우리가 무엇을 위하여 싸우는지를 기억하게 해 준다.

"주님, 우리가 주인공이 아니라는 말씀을 받아들이고 이를 기쁨의 말씀으로 알도록 도와주소서. 우리가 찬란한 주님의 영광을 느끼게 하소서. 주님을 알리기 위해 우리 삶을 드리는 기쁨과 자유를 우리에게 가르치시고, 이 멋진 대의를 심기는 모든 이와 우리 마음이 하나 되게 하소서!"

남보다 뛰어날 게 없지만 그래도 괜찮다

앞에서 루이스의 책 『말과 소년』에 나오는 브레에 대해 이야기했다. 브레는 말할 줄 아는 나니아의 말인데 포로로 잡혀가는 바람에 평생 말하지 못하는 말들과 살았다. 그래서 그는 자신이 매우 강하고 용감한 말이라고 생각하게 되었다. 하지만 언젠가 위험한 순간에 비겁한 모습을 보이며 굴욕을 당한다. 브레는 낙담하여 자신은 모든 것을 잃었다고 단언하면서 나니아가 아닌 노예 생활로 되돌아가야 할 것 같아 고민한다. 브레와 함께 있던 나이든 은둔자가 그 말을 엿듣고 그를 꾸짖는다.

착한 말아, 넌 그저 자만심을 잃었을 뿐이야. 자, 그럼 못 써. 내 앞에서는 그딴 식으로 귀를 젖히고 갈기를 흔들어 대지 마. 좀 전처럼 겸손해지려면 옳은 소리에 귀를 기울일 줄도 알아야 해. 넌 그렇게 대단한 말이 아니야. 말 못하는 가엾은 말들과 섞여 살면서 느낀 것처럼 말이다. 물론 **그들**보다야 용감하고 영리하겠지. 어쩌면 네가 그런 생각을 하게 된 것도 당연하다. 하지만 나니아에서는 어림없어. 너 스스로 남보다 뛰어날 게 없다고 생각하면 썩 괜찮은 말이 될 수 있을 거다.[8]

나는 이 구절을 좋아한다. "너 스스로 남보다 뛰어날 게 없다고 생각하면 썩 괜찮은 말이 될 수 있을 거다."

자신이 매우 평범하거나 평범하다 못해 평균 이하로 보이는 곳에서 우리는 당황할 필요가 없다. 평범함이 세상의 끝은 아니다. 우리의 가치는 그리스도께서 우리를 위해 하신 일에 근거한다. 하나님이 우리를 사랑하시고 귀히 여기신다. 하나님의 평가가 우리의 삶을 판가름한다. 우리를 기다리는 영원한 기쁨의 바다가 있다. 우리의 행복과 안녕은 대단한 사람이 되는 것에 달려 있지 않다.

그러니 우리는 그것이 무엇이든 간에 우리가 가장 잘하는 것으로 공동체에 기여하며 동료들과 자유롭게 생활할 수 있고, 그들의 기여에 감사로 보답할 수 있다. 중요한 것은 우리의 공헌이 아니라 우리가 동참하고 있는 더 큰 역사다.

이것은 우리가 진심을 담아 "나는 남보다 뛰어날 게 없지만 그래도 괜찮아!"라고 말할 수 있는, 인생에서 가장 멋진 순간이다.

◐ 생각해 볼 **문제**

1. 당신이나 다른 사람의 삶에서 시기는 어떤 영향을 미치는가?
2. 소셜 미디어는 시기에 어떤 영향을 미치는가? 구체적으로 어떤 경우를 보았는가?
3. (이 책에서) 시기심에 맞서 싸우는 데 도움이 되는 방법은 무엇인가?

chapter 6

리더를 향한 겸손
순종의 참뜻 이해하기

　이 장에서는 지역 교회라는 특별한 상황에서 지도자를 향한 겸손을 다룬다. 4장에서 우리는 리더로서 자유의 문화를 만드는 겸손을 살펴보았고, 5장에서는 동료들을 향한 시기심에 맞서 싸우는 겸손을 생각해 보았다. 이제 6장에서는 우리의 리더들을 향한 **순종**의 행위로써의 겸손에 대해 생각해 보자.

　이것은 4장 도입부에서 살펴본 이유(교회 지도자들이 수많은 학대를 저질렀다.) 때문에 요즘 특히나 민감한 주제다. 많은 사람이 교회 때문에 상처를 받았다. 그 상처가 너무 커서 몇몇에게는 어쩌면 순종에 대한 어떤 이야기에도 **귀를 기울일** 만한 인내심이 남지 않았을지도 모른다.

나는 이런 걱정에 공감한다. 나 역시 영적 권위자들의 학대에 상처받았기에 그 기분을 잘 안다. 끔찍한 일이다. 아마도 내 삶에서 가장 깊은 고통일 것이다. 그래서 나는 마지막으로 영적 권위의 남용에 대한 우리의 걱정을 최대한 줄이고 싶다.

먼저 숨통을 약간 틔워 보자면, 사실 권위에 대한 순종은 리더가 무슨 말이나 행동을 하든 맹목적으로 용인하거나 수동적으로 수용하라는 의미가 아니다. 우리는 하나님께 순종하는 행위로서 리더에게 순종한다. 그러므로 교회 리더가 하나님의 말씀이나 뜻에서 벗어나면 우리는 그 리더가 **아니라** 주님께 순종해야 한다. 이는 곧 우리가 리더와 맺는 관계에 대해 영적 분별력을 길러야 한다는 뜻이다. 누구도 이 책임에서 벗어날 수 없다.

최대한 분명하게 말하겠다. **우리는 학대에 순종해서는 안 된다.** 절대, 절대, 절대 안 된다.

이와 동시에, 권위에 대한 건전한 순종이라는 것이 있다. 예를 들면, 성경에는 이런 말씀이 있다.

"형제들아 우리가 너희에게 구하노니 너희 가운데서 수고하고 주 안에서 너희를 다스리며 권하는 자들을 너희가 알고 그들의 역사로 말미암아 사랑 안에서 가장 귀히 여기며 너희끼리 화목하라"(살전 5:12-13).

"너희를 인도하는 자들에게 순종하고 복종하라 그들은 너희 영혼을 위하여 경성하기를 자신들이 청산할 자인 것 같이 하느니라"(히 13:17a).

따라서 권력 남용에는 단호히 반대해야 하지만, 교회 리더의 모든 의사를 거부해서는 안 된다. 나는 고압적인 목회자들이 만든 비극적인 현실이 목회자에 대한 모든 신뢰를 무너뜨려 신실하고 경건한 목회자들의 사역을 더 어렵게 만들지는 않을까 종종 걱정된다.

그러므로 우리는 이런 질문을 반드시 떠올려 보아야 한다. 리더를 향한 겸손은 어떤 모습일까?

1. 모든 순종은 하나님을 향해야 한다

우선, 우리가 가장 먼저 하나님께 순종하지 않는다면 다른 순종은 큰 의미가 없다. 그리스도인이 되는 행위는 그 자체로 순종의 행위다. 우리는 우리 죄에 대한 하나님의 판단과 우리 상태에 대한 하나님의 해결책에 모두 복종한다.

그리고 그리스도인의 삶 전체를 통하여 우리는 끊임없이 반복해서 하나님께 순종해야 한다. 마르틴 루터(Martin Luther)는 95개조 반박문 제1조에서 이렇게 말했다. "우리 주 예수 그리스도께서

'회개하라'(마 4:17)라고 말씀하신 것은 주님을 믿는 자의 삶은 항상 참회하는 삶이 되어야 한다는 의미다."[1]

그리스도인의 삶은 우리가 하나님의 말씀에 응답할 때, 성령님께서 우리를 깨우치실 때, 그리고 다른 신자들에게서 무언가를 배울 때 끊임없이 궤도를 수정하는 과정이다. 이 모든 과정이 곧 순종으로, 다른 방식으로는 선택하지 않았을 것을 받아들이는 것이다. 다시 말해 순종은 돌아서고 바꾸고 조정한다는 뜻이다. 그리스도께서 우리에게 모범을 보이신 것처럼 이렇게 하나님께 말씀드리는 것이다. "나의 원대로 마시옵고 아버지의 원대로 하옵소서"(막 14:36).

우리 삶의 다른 모든 순종이 여기서 흘러나와야 한다. 우리는 **지도자**를 두려워해서가 아니라 **하나님**을 두려워하기 때문에 그들에게 순종한다. 우리가 이 원리를 받아들인다면 순종에 관한 다른 모든 것이 더욱 순탄하게 이어질 것이다.

그리고 만약 당신이 복음을 받아들이고 하나님께 순종해 본 적이 없다면 바로 지금, 다음과 같은 기도로 순종할 수 있다.

"주님, 제가 주님께 죄를 지었음을 고백합니다. 저를 용서해 주십시오. 그리스도께서 저를 위해 십자가에서 하신 일을 인정합니다. 제 삶을 주님께 바칩니다. 주님을 따르는 방법을 저에게 가르쳐 주세요."

2. 경배하면서 순종한다

우리는 교회 예배에서 찬양만 경배(worship)라고 생각할 때가 많다. 하지만 실제로는 모든 부분, 심지어 설교를 듣는 것도 경배다. 기억하자. 우리는 하나님, 바로 그분의 말씀을 듣고 있다!

다음은 당신이 설교를 들으면서 경배할 수 있는 간단한 두 가지 방법이다.

- 설교를 듣고 마음에 가책을 느꼈다면 즉시 주님께 회개한다.
- 설교를 듣고 격려나 소망을 얻었다면 즉시 주님께 감사한다.

설교가 끝날 때까지 기다리지 말라. 하나님이 바로 거기, 교회 의자에 앉아 있는 당신에게 말씀하실 때, 설교 내용이 하나님 말씀에 충실하다면, 감사하게 받으라. 그리고 설교 중에 하나님께 대답하라. (큰 소리로 말할지 말지는 당신이 다니는 교회 전통에 달려 있다!)

3. 교정을 받아들일 줄 아는 사람이 된다

앞에서 보았듯이, 겸손을 짤막하게 정의하면 '잘 배우는' 성품이다. 겸손한 사람은 가르침을 잘 받는다. 가르침을 받으려면 겸손이 필요한데 이는 자신이 아직 모른다는 것을 인정해야 하기 때문이다.

나이가 몇이든, 공부를 얼마나 했든, 얼마나 많은 경험을 했든 우리는 항상 배우고 성장할 것이다. 그러므로 우리는 평생에 걸쳐서 스스로를 가르침받기 좋은 상태로 유지해야 한다. 흥미롭게도, 종종 생각지도 못했던 곳에서, 무시하고 싶은 사람이나 우리와 전혀 다른 사람에게서 가장 많이 배운다. 예를 들어, 우리가 어린아이에게서 배울 수 있는 것이 얼마나 많은지 나는 놀랍다.

종종 교정이나 가르침을 받는 것을 업무에 대한 질책이나 교회의 징계와 같이 공식적인 맥락에서 이루어지는 것으로 생각할 수도 있다. 그러나 이런 것들은 예외적이고 극단적인 경우다. 겸손한 사람은 대부분 그런 상황에 이르기 전에 교정을 받아들인다. 이들은 온갖 종류의 비공식적인 방법(가벼운 언급이나 당혹스러운 표정만으로도 교정과 가르침의 기회가 될 수 있다.)을 통해 다른 사람의 의견을 **끊임없이** 받아들인다.

겸손한 사람은 일반적으로 리더십에 **잘 반응하는** 사람이 되고 싶어 한다. 그리고 편하게 조언을 받아들이고, 다른 사람의 피드백을 경청하며 그것을 소중히 여기는 사람이 되고 싶어 한다.

히브리서 13장 17절에서 우리 영혼을 경성하는 리더에게 순종할 것을 당부한 이후에 이어지는 말씀을 기억하는가? 성경은 이렇게 말한다. "그들로 하여금 즐거움으로 이것을 하게 하고 근심으로 하게 하지 말라 그렇지 않으면 너희에게 유익이 없느니라"(히 13:17).

기꺼이 가르침을 받는 사람은 목회자의 사역을 기쁨으로 만든다. 그래서 우리는 이 멋진 기도를 자주 올려 드려야 한다.

"주님, 제가 우리 목사님이 기뻐하는 교인이 되게 하소서."

4. 결정 사항에 불평하지 않는다

최근에 나는 코로나19 이후 많은 목회자가 할 수만 있다면 목회를 그만두고 싶어 한다는 이야기를 들었다. 현재 교회가 당면한 진짜 문제다. 우리에겐 목자가 필요하다!

앞서 언급한 대로, 안타깝게도 세상에는 고압적이고 폭력적인 목회자들이 많다. 하지만 그렇다고 해서 진심으로 그리스도를 따르려고 애쓰는, 불완전하지만 선량한 수많은 목회자를 거부해서는 안 된다. 당신이 목회자를 대하는 태도가 목회자와 그 가족에게 정말로 큰 영향을 끼친다는 것을 알아야 하며, 이미 고단한 목회자의 사역을 더 어렵게 만들지 않도록 조심해야 한다.

지금 수많은 목회자가 의욕을 잃은 데에는 틀림없이 많은 이유가 있다. 코로나19 기간은 목회자들에게 가혹한 시간이었다. 사탄은 당연히 그들을 목표로 삼았다. 그러나 슬프게도 목자는 때로 자신이 보살피려고 애쓰는 바로 그 양에게서 부당한 대우를 받는다. 교인들은 가혹한 비판과 불평, 비현실적인 기대, 헌신하지 않는 것 등을 통해 목회자에게 상처와 실망을 안겨 준다.

그러므로 불평이나 험담을 하거나, 전반적으로 부정적 태도를 보이고 반항하는 것 없이 리더를 인정하는 것은 리더에 대한 순종의 일부라고 할 수 있다. 물론 굉장히 중요한 교리나 도덕적인 문제에 관한 의견일 경우 당신의 생각을 리더에게 알려야 할 때도 있다. 하지만 그들의 일거수일투족에 끊임없이 의문을 제기하지는 말라. 가능한 한 그들을 지지하려고 노력하라. 모든 요소를 고려하여, **그들의 비전과 리더십을 포용하는 것**을 당신의 일반적인 접근 방식으로 삼으라.

다시 말해, "정당한 사유가 있다면 리더를 지지하겠다."라고 말하지 말라. 그 대신에 이렇게 말하라. "리더를 지지하지 **않아야 할** 정당한 사유가 없는 한, 나는 기쁘게 그 리더를 지지하겠다." 두 표현의 차이가 느껴지는가? 이것이 당신의 기본자세가 되어야 한다.

그 과정에서 목회자의 고된 사역에 감사하고, 마찬가지로 교회의 다른 리더들의 사역에도 감사하라. 그들은 거의 언제나 당신의 생각보다 훨씬 더 많은 문제에 직면해 있다. "내가 더 잘 안다."라는 태도에 맞서 싸우라. 내 말을 믿어도 좋다. 사역은 보기보다 훨씬 너 어렵다!

그리고 힘이 닿는 데까지 목회자를 격려하고 그와 그 가족을 위해 기도하는 일을 잊지 말라. 목회자에게 당신의 격려와 기도가 필요하다는 것은 내가 확실히 장담할 수 있다.

"아버지, 우리의 목자들을 위해 기도합니다. 그들을 강하게 하시고 격려하시며 붙들어 주소서. 우리가 그들에게 탄식의 근원이 아닌, 기쁨이 되도록 도우소서."

순종을 악용당한 그분을 위하여

이 장을 쓰면서, '순종'을 호소하는 이들에게서 부당한 대우를 받은 사람들과 이 책을 읽게 될 독자들을 자주 생각했다. 이 주제가 당신에게 얼마나 힘겨운지 내가 잘 알고 있다는 사실을 알아주길 바란다. 이해한다. 나도 그런 적이 있었다.

요점을 최대한 분명히 하기 위해 다시 한번 반복한다. 학대를 받아들이는 것은 절대로 순종이 아니다. 배우자가 당신에게 폭력을 행사한다면 거기에 굴복해서는 안 된다. 그 대신, 당신을 보호할 적절한 절차(당국에 신고하기 등)를 밟도록 도와줄 믿을 만한 친구에게 알려야 한다.

마찬가지로 목회자가 당신을 괴롭힌다면 계속 그 교회에 다니며 괴롭힘을 당할 필요가 없다. 그 대신, 하나님의 인도하심과 능력에 따라 당신이 할 수 있는 대로 열심히 기도하며 건강한 교회를 찾아야 한다.

당신이 목회자인데 장로들이 잔인하고 정직하지 못하다면 그들의 허위 진술에 굴복할 필요가 없다. 그 대신, 최대한 지혜를 끌어모아 현재 상황을 고심하면서 선하고 올바른 리더십 문화를 만들기 위해 애써야 한다. 만약 그럴 수 없다면(그들이 당신을 해고하고 비방한다면) 당신은 리더에게 순종하지 못한 것이 **아니다**. 당신의 양심은 하나님 앞에 거리낌이 없다.

권력 남용의 피해를 당한 사람이 있다면, 진심을 담아 세 가지를 말해 주고 싶다.

하나, 당신에게 있었던 일은 잘못된 일이었다. 진심으로 유감을 표한다.

둘, 하나님께 당신은 소중하다. 그러므로 당신의 안전과 안녕은 하나님께 중요하다. 당신은 보호받을 가치가 있다.

셋, 예수님은 절대 당신을 그렇게 대하지 않으실 것이다. 예수님은 다정하고 좋은 분이며 안전하다. 예수님의 이름으로 당신에게 상처를 주는 사람과는 거리를 두어야 하지만, 예수님과 거리를 두어서는 안 된다. 그분**에게서** 도망하지 말고 그분을 **향해** 달려가라. 예수님은 당신의 상상을 뛰어넘는 가장 다정한 친구라는 사실을 알게 될 것이다. 진실로 예수님은 부당한 대우와 배신, 비방, 학대를 당하는 것이 어떤 것인지 아주 잘 알고 계신다.

루이스의 책 『마법사의 조카』(*The Magician's Nephew*)에는 디고리라는 소년이 아슬란을 만나는 장면이 나온다.[2] 디고리는 어머니가 편찮으셔서 아슬란에게 도움을 구하고 싶지만 두렵다. 루이스는 이렇게 썼다.

디고리는 내내 사자의 커다란 발과 발톱만 쳐다보고 있다가 마침내 실망에 젖은 눈으로 사자의 얼굴을 올려다보았다. 평생을 두고 이토록 놀라 본 적이 있을까! 사자는 황갈색 얼굴을 디고리의 얼굴에 바싹 갖다 댔는데, (놀랍게도 사자의) 눈에는 반짝이는 눈물이 괴어 있었던 것이다. 그 눈물이 디고리의 눈물보다 더 크고 맑아서 디고리는 한동안 사자가 자기보다 엄마를 더 가엾게 생각하고 있나 보다 느꼈다. 아슬란이 말했다. "아들아, 아들아, 내 다 알고 있느니라. 슬픔은 숭고한 것이다. 이 땅에서 그 사실을 알고 있는 것은 아직 너와 나뿐이다. 우리는 서로에게 도움이 되도록 하자."

"내가 안다."라는 말에 얼마나 큰 위로가 담겨 있는지 생각해 보라. 예수님은 가장 큰 고통을 당하신 슬픔의 사람이셨다. 그분은 우리를 대신해서 우리의 죄를 짊어지고 버림받아 지옥과 같은 구렁텅이에 빠져 고통스러운 심판을 오롯이 받으셨다. 그렇기에 누구도 이보다 더 큰 고통을 당할 수는 없다. 이러한 이유로 예수님은 고통당하는 이들의 **완벽한** 친구시다. 우리의 마음을 치유하고 필요를 채우는 데 예수님보다 더 잘 준비된 적임자는 없다. 그러니 예수님께 가자.

◐ 생각해 볼 문제

1. 당신이 교회 리더들이 내린 결정에 대해 염려하고 있다고 가정해 보자. 그 문제에 대해 발언하는 것이 굉장히 중요하다는 것을 어떻게 알 수 있는가? 우려를 표현하는 방법 중에 도움이 된 방법은 무엇인가?
2. 당신이 목회자를 격려할 때 효과가 있었던 방법은 무엇인가?

Humility

결론

겸손의 시금석인 기쁨

이 책에서 우리는 겸손이 기쁨에 이르는 길임을 살펴보았다. 이는 그리스도께도 마찬가지였다. 그리스도의 겸손과 고난은 결국 기쁨(히 12:2)과 영광(빌 2:9-11)으로 이어졌다. 겸손에 이어지는 기쁨, 낮아진 후에 높아짐, 고난 뒤에 찾아오는 영광, 이는 우리 모두가 본받아야 할 모범이다.

바실리우스는 겸손에 대한 멋진 설교에서 그 점을 이렇게 표현했다.

겸손의 연인처럼 겸손을 좇아라. 겸손을 사랑하면 그것이 당신을 영광스럽게 할 것이다. 당신이 천사들과 하나님과 함께 진정한 영광으로 여행하기 원한다면 이것이 길이다. 그리스도께서 천사들이 보는 앞에서 당신을 제자로 인정하시고, 당신이 그분의 겸손을 닮았다면 당신에게 영광을 허락하실 것이다.[1]

이 여정은 궁극적으로 천국에서 달성되겠지만, 겸손은 삶의 모든 순간과 장면마다 기쁨에 이르는 길이기도 하다. 겸손은 **태생적으로** 명랑하고 소망이 넘친다. 나는 아우구스티누스의 말이 참 마음에 든다. "기이하게도, 겸손에는 마음을 고양하는 무언가가 있고 교만에는 마음을 약화하는 무언가가 있다."[2] 이와 비슷하게, 에드워즈는 겸손이 "그리스도인의 순수한 감정 표현을 이끌어" 내며 "그리스도인들이 누리는 가장 즐거운 영적 경험의 원천"이 된다고 주장했다.[3]

겸손해야만 체험할 수 있는 사랑스러움과 만족이라는 특정한 그리스도인의 경험이 있다. 이처럼 겸손은 우리가 지금껏 상상해 보지도 못했던 기쁨의 땅에 이르는 유일한 길이다.

영화, "멋진 인생"(It's a Wonderful Life)의 주인공 조지 베일리를 통해 나는 그 기쁨을 이해할 수 있었다(이후에 스포일러가 있다). 이 영화를 보았다면 줄거리를 알 것이다. 조지 베일리는 자기가 태어나지 않았다면 세상이 어떻게 되었을지 살펴볼 기회를 얻었다. 이후 자기 삶을 다시 찾았을 때, 그는 살아 있다는 경이로움에 감사로 충만해진다. 그리고 모든 금전 문제가 하찮게 보인다.

조지가 마을을 가로질러 달리며 환희에 가득 차 "메리 크리스마스, 베드퍼드 폴스"라고 소리 지르던 것을 기억하는가? 간절한 마음으로 집에 있는 가족에게 돌아온 그가 아이들을 끌어안고 입맞추는 장면이 떠오르는가? 갑자기 세상이 새로운 마법을 부린다. 심지어 계단 난간의 망가진 손잡이도 사랑스럽다.

  이 장면은 겸손이 무엇인지를 보여 준다. 겸손은 우리를 살아 있다는 순전한 경이로움에 눈뜨게 한다. 우리가 무엇을 했다고 이런 자격이 주어지는가?

  겸손은 우리에게 조지 베일리의 신선한 관점으로 하루하루를 받아들이라고 가르친다. 아침을 먹기 위해 식탁에 앉아 이렇게 생각하라. "내가 뭐라고 이런 훌륭한 음식을 먹게 되었을까? 내가 무엇을 했다고 이런 자격이 주어지는 걸까?" 직장에 도착해서 이렇게 생각하라. "내가 뭐라고 이 일에 기여하고, 이런 동료들을 알게 되었을까?" 하루를 마치고 집에 돌아와서 이렇게 생각하라. "내가 뭐라고 이런 멋진 가족과 친구들, 이 집, 이런 삶을 누리게 되었을까?"

  물론 삶은 힘들고 고통으로 가득 차 있다. 어떤 사람이 극심한 고통을 겪고 있을 때면, 나는 그 사람이 자신이 처한 상황에 대해 비현실적인 감정을 끌어내야 한다는 과도한 압박감에서 벗어나기를 바란다. 그래서 나는 다만 그에게 공감하며 그를 위해 기도한다.

그러나 그렇지 않은 우리 대부분은 일상을 살면서 살아 있다는 기적에 대해 경이로움과 감사의 마음을 키워야 한다. 오늘 하루가 선물이다. 매일이 주는 경이로움과 기쁨에는 끝이 없다.

조지 베일리가 느낀 흥분은 우리 모두에게 본보기가 된다.

이 책을 덮으며 우리에게 삶을 주신 하나님께 감사하는 시간을 잠시 갖자. 우리가 받은 복을 세어 보자. 최대한 많이 세어 보고 하나님께 깊이 감사하자. 기쁨이라는 감정이 우리의 마음을 따뜻하게 하지 못하는 경우란 없음을 깨닫게 될 것이다.

"하나님, 우리가 무엇이기에 우리를 창조하셨습니까? 하나님께는 우리가 필요하지 않으셨습니다. 성부, 성자, 성령 하나님은 우리 없이도 이미 사랑과 기쁨으로 충만하셨습니다. 하지만 하나님은 자비로우셔서 우리가 그 기쁨을 서로 나누게 허락하셨습니다. 감사합니다. 우리 마음 깊은 곳에서부터 하나님께 감사합니다. 날마다 기쁨을 향한 길로, 하나님께 이어지는 길로 우리를 이끄소서."

Humility

부록

겸손한 소셜 미디어 사용법

소셜 미디어는 종종 하나님 나라에 반대되는 가치를 보인다.[1] 예수님은 "화평하게 하는 자는 복이 있나니"(마 5:9)라고 말씀하셨지만, 소셜 미디어는 종종 분노한 사람을 축복하는 것처럼 보인다. 예수님은 "온유한 자는 복이 있나니"(마 5:5)라고 말씀하셨지만, 소셜 미디어는 종종 자아도취에 빠진 사람을 축복하는 것처럼 보인다.

그러나 많은 기독교 지도자가 소셜 미디어를 선용하는 모범을 보여 주어 고맙다. 동시에, 우리가 교회의 모습을 만들어 가기보다 종종 건전하지 못한 소셜 미디어 문화의 영향을 받고 있어 염려스럽기도 하다. 걸핏하면 역겨움과 잡음, 비웃음에 휘말린다.

특히 소셜 미디어는 우리를 겸손에서 멀어지게 할 때가 많다. 찰스 스펄전(Charles Spurgeon)의 질책은 소셜 미디어 시대에도 적용된다.

요즘에는 고작 쥐 한 마리 죽여 놓고 사방팔방 떠벌리는 사람들이 많다. 삼손은 사자를 죽였지만 한마디도 하지 않았다. 성령님은 겸손을 쉽게 발견하지 못하시기에 세심하게 그것을 기록하신다. 주님께서 여러분을 위해 하신 일을 많이 이야기하고 여러분이 주님을 위해 한 일은 적게 이야기하라. 자화자찬하는 말은 한마디도 내뱉지 말라![2]

스펄전의 설교를 듣고 마음이 찔린다. 나는 나 자신에게만 얼마나 많은 관심을 쏟았던가? 교만하고 무례하여 겁도 없이 성령님을 거스른 것이 몇 번이나 되었던가? **주님, 죄송합니다.**

그렇다면 우리는 어떻게 해야 할까? 소셜 미디어를 완전히 끊는 것이 누군가에게는 필요할 수도 있겠지만, 정답이라고 생각하지는 않는다. 우리 모두는 자신의 한계를 생각해야 한다. 그래서 나는 우리가 처한 현 상황에서 경선하게 소셜 미디어를 사용하려면 더 큰 의도와 무게 중심이 필요하다고 생각한다. 우리가 트위터나 인스타그램을 저절로 좋은 방향으로 사용하게 되지는 않을 것이다. 자기 과시와 비열함 같은 것은 너무나 강력한 흐름이다.

어떻게 하면 겸손을 바탕으로 한 소셜 미디어 환경을 만들 수 있을까? 그것이 어떤 모습일지에 대해서는 여전히 고민 중이지만, 우리가 먼저 고려해 볼 수 있는 세 가지 전략을 소개한다.

1. 감사라는 무기로 시기와 싸우기

소셜 미디어는 끊임없이 비교를 부추기기 때문에 시기가 드러날 위험이 늘 도사린다. 나보다 팔로워가 많은 사람, 당신이 한마디 거들어야 할 것만 같은 새로운 이슈(혹은 당신이 끼어들고 싶은 농담)는 항상 있을 것이다. 무시당할 것 같은 두려움이 쉬이 폭군으로 군림하기도 하고, 플랫폼 유지 관리가 부담이 되기도 한다.

나는 가진 것에 감사하는 마음이 질투의 힘을 누그러뜨림을 알게 되었다. 그러니 잠재적인 유익을 위해 플랫폼을 **키우기**보다 실제적인 유익을 위해 플랫폼을 **사용하는** 데 더욱 집중하자. 작더라도, 당신에게 주어진 것에 기뻐하라. 그것에 감사하고 사막에 있는 소중한 정원처럼 그것을 가꾸라.

우리의 영향력을 주님께 정기적으로 드리는 것 또한 건강하고 자유로운 일이다. 우리의 영향력을 주님 앞에 내려놓고, 당신이 주님을 더 많이 알 수만 있다면 주님이 그것을 가져가신다 해도 진심으로 괜찮을 수 있도록 노력하라.

2. 친절하기 위해 더 많이 노력하기

나는 소셜 미디어가 공개적으로 수치심을 유발하는 사회 구조 중 하나라고 자주 생각한다. 마을 광장에 있는 차꼬에 사람을 묶어 두며 하던 짓을, 지금은 '부정적인 댓글'이나 '취소 문화'(cancel culture, 온라인상에서 자신과 생각이 다른 사람에 대해 팔로우를 취소하는 문화-역자 주)로 하고 있다.

무서운 것은 이런 행동에 동참하는 사람들이 대개 결과적으로 더 많은 관심을 받게 된다는 점이다. 특정 상황에서 우리가 비열함과 분노를 용인할 뿐 아니라 실제로 그에 보상한다는 사실은 인간의 죄성을 냉정하게 드러낸다.

우리 사회의 대화 수준과 매체의 특성에 비추어 보면, 우리는 친절함을 보여 주기 위해 더 열심히 노력해야 한다. 언제든 긍정적인 말을 하려고 더 애써야 한다. 평소보다 빈정대지 않도록 조심하고, 다른 사람을 존경할 기회를 더 많이 열망해야 한다(롬 12:10).

말처럼 쉽지 않다는 건 나도 안다. 또한 자유로운 의견 대립과 토론의 가치를 빼앗고 싶지 않다. 그러나 책망하고 분노해야 할 때도 분명히 있다. 어떤 공격이나 허위 사실 유포에 대해서는 강력한 대응이 필요하다.

트윗이나 게시물을 올리는 행위 역시 다음과 같이 질문해 볼 가치가 있다. '육적인 동기에서 올리는 게시물인가, 아니면 경건

한 동기에서 올리는 게시물인가?' '나는 그 행위를 통해 어떤 문화에 기여하고 있는가?'

3. 휴식 취하기

소셜 미디어를 건강하게 사용하려면 정기적인 휴식이 꼭 필요하다. 모든 소셜 미디어로부터 안식일을 갖는 것에 더하여, 다음을 고려해 볼 수도 있다.

- 휴대 전화에서 소셜 미디어 앱을 삭제하고 컴퓨터로만 사용한다(항상 그렇게 할 수도 있고, 주말이나 가족 기념일 같은 특정 기간에만 할 수도 있다).
- 집에서 휴대 전화를 가져갈 수 없는 장소를 정한다(예를 들면, 작은 방이나 서재).
- '방해 금지 모드' 기능을 기본으로 설정하여 전화가 울리지 않게 한다. 끊임없는 방해는 건강에 좋지 않다.

도움이 되는 다른 방법은, 정말 간단하게도, 끊임없이 당신을 맥 빠지게 하는 사람들의 알림 설정을 끄거나 팔로우를 끊는 것이다. 망설이지 말자. 팔로우를 하거나 댓글을 다는 것이 당신의 영혼에 해로울 때에는 그 어떤 사람도 팔로우하거나 그 어떤 코멘트에도 반응할 필요가 없다. 만약 당신이 소셜 미디어를 살펴보며 질투와 외로움에 몸부림치고 있다면, 이제 잠시 (소셜 미디어를) 쉬어야 할 때다.

현실에서는 사람들과 절대 언쟁하지 않지만 페이스북에서는 자주 다툰다면, 이제 둘 사이에 균형을 맞춰야 할 때다. 소셜 미디어는 대면 상호 작용을 보상하는 것이 아니라 보완해야 한다.

마지막 호소

그리스도의 이름을 따르는 우리는 서로 대화할 때 특별히 주의해야 한다. 소셜 미디어상에서의 상호 작용은 온 세상이 지켜보는 가운데 이루어진다. 따라서 우리 가운데 의견 충돌이 있더라도 복음을 폄하하지 않도록 사랑으로 구별되어야 한다(요 13:35).

나는 가르치고 이끌어 좋은 방향으로 나아가게 하는 그런 소통이 거의 불가능한 사람들도 있음을 안다. 그런 경우에는 "이단에 속한 사람을 한두 번 훈계한 후에 멀리하라"는 디도서 3장 10절 말씀을 더욱 깊이 생각해 보아야 할 것이다. 매정해 보일 수 있지만 지혜는 이따금 완전한 회피를 요구한다. 사도 바울은 이를 이해했으며 우리도 그래야 한다.

우리가 통제할 수 없는 것이 너무나 많다. 인터넷이라는 끊임없는 아우성과의 쟁탈전을 우리는 멈출 수 없다. 하지만 그런 문제에 우리가 직접 관여하는 것을 줄이려고 노력할 수 있고, 더 건전한 문화에 기여하도록 할 수 있는 모든 노력을 기울일 수 있다. 여기 우리가 기도해야 할 행복한 목표가 있다. 야고보는 위로부터 난 지혜를 묘사하며 "첫째 성결하고 다음에 화평하고 관용하고 양순하며 긍휼과 선한 열매가 가득하고 편견과 거짓이 없나니"(약 3:17)라고 했는데, 이를 드러내는 그리스도인이 소셜 미디어에서 더 많이 눈에 띄기를 바란다.

스펄전의 충고는 우리가 소셜 미디어에서 지향해야 할 멋진 행동 목표를 알려 준다. **"주님이 당신을 위해 하신 일을 많이 말하고 당신이 주님을 위해 한 일을 적게 말하라."**

그리고 훌륭하고 멋진 전략이 있다. 우리 마음을 복음으로 가득 채우자. 이것이 바로 우리가 **소망하는** 일이다. 그리스도의 사랑에 사로잡혀 우리 자신보다 그분에 대해 더 이야기하고 싶다니, 얼마나 행복한 생각인가. 정말로 그곳에 기쁨이 있다.

"주님, 소셜 미디어를 잘못 사용했던 우리를 용서하소서. 우리 영혼의 가장 깊은 곳을 주님의 사랑으로 채우셔서 우리의 모든 행동과 말에서 다른 사람을 향한 사랑과 기쁨이 넘치게 하소서."

주

머리말

1) 이 인용문은 다양한 형태로 소개되었는데 그중 하나다. William Henry Chamberlin, "The So Austere, So Safe Clement Attlee", *Chicago Tribune*, 1954년 6월 27일.

서론

1) 이 서론의 여러 부분은 내가 쓴 다음 글에서 가져왔다. "Humility Isn't Hating Yourself: The Joy of Self-Forgetfulness", Desiring God, 2019년 8월 19일, https://www.desiringgod.org/articles/.
2) C. S. Lewis, *Mere Christianity*, in *The Complete C. S. Lewis Signature Classics* (San Francisco: HarperSanFrancisco, 2002), 71-72 ; C. S. 루이스, 『순전한 기독교』, 장경철, 이종태 역, 홍성사.
3) Bethany Jenkins, "There's Nothing More Relaxing Than Humility", The Gospel Coalition, 2015년 11월 5일, https://www.thegospelcoalition.org/에서 인용했다.
4) C. S. Lewis, *The Screwtape Letters*, in *The Complete C. S. Lewis Signature Classics*, 153-154 ; C. S. 루이스, 『스크루테이프의 편지』, 김선형 역, 홍성사.
5) Timothy Keller, *The Freedom of Self-Forgetfulness: The Path to True Christian Joy* (Leyland, England, UK: 10Publishing, 2012) ; 팀 켈러, 『복음 안에서 발견한 참된 자유』, 장호준 역, 복있는사람.
6) C. S. Lewis, *Mere Christianity*, in *The Complete C. S. Lewis Signature Classics* (San Francisco: HarperSanFrancisco, 2002), 72 ; C. S. 루이스, 『순전한 기독교』, 장경철, 이종태 역, 홍성사.

7) J. R. R. Tolkien, *The Hobbit*(New York : Houghton Mifflin, 1982), 305 ; J. R. R. 톨킨, 『호빗』, 이미애 역, 아르테.

1. 복음이 정의하는 겸손

1) 하나님의 겸손에 대한 변론은 다음을 보라. Matthew A. Wilcoxen, *Divine Humility: God's Morally Perfect Being*(Waco, TX: Baylor University Press, 2019).
2) 나는 뒤이어 떠오른 몇 가지 생각을 개인 블로그에서 다루었다. "What Amazed Me This Year about Christmas", Truth Unites, 2014년 12월 13일, https://gavinortlund.com/.
3) 웨스트민스터 소요리문답 제27문, in *The Westminster Confession of Faith* (Glasgow: Free Presbyterian, 1966), 294.
4) D. A. Carson, *Basics for Believers: An Exposition of Philippians* (Grand Rapids, MI: Baker, 1996), 58 ; D. A. 카슨, 『D. A. 카슨이 말하는 그리스도인의 정의』, 송영의 역, 국제제자훈련원.

2. 복음이 키우는 겸손

1) C. S. Lewis, *The Screwtape Letters*, in *The Complete C. S. Lewis Signature Classics*(San Francisco: HarperSanFrancisco, 2002), 153 ; C. S. 루이스, 『스크루테이프의 편지』, 김선형 역, 홍성사.
2) C. S. Lewis, *Mere Christianity*, in *The Complete C. S. Lewis Signature Classics*, 72 ; C. S. 루이스, 『순전한 기독교』, 장경철, 이종태 역, 홍성사.
3) Francis Schaeffer, The *God Who Is There*, in *The Francis A. Schaeffer Trilogy: The Three Essential Books in One Volume* (Wheaton, IL: Crossway, 1990), 146 ; 프란시스 쉐퍼, 『거기 계시는 하나님』, 김기찬 역, 생명의말씀사.
4) "And Can It Be That I Should Gain" by Charles Wesley, 1738.
5) John R. W. Stott, *The Cross of Christ*, 20th anniversary ed. (Downers Grove, IL: InterVarsity Press, 2006), 63, 강조는 원문의 것 ; 존 스토트, 『그리스도의 십자가』, 황영철, 정옥배 역, IVP.
6) Jonathan Edwards, *Charity and Its Fruits: Living in the Light of God's Love*, ed., Kyle Strobel (Wheaton, IL: Crossway, 2012), 152 ; 조나단 에드워즈, 『사랑』, 서문강 역, 청교도신앙사.
7) C. S. Lewis, *That Hideous Strength : A Modern Fairy-Tale for Grown-Ups* (New Work: Scriber, 2003), 358 ; C. S. 루이스, 『그 가공할 힘』, 공경희 역, 홍성사.
8) Lewis, *That Hideous Strength*, 379 ; C. S. 루이스, 『그 가공할 힘』, 공경희 역, 홍성사.

3. 자만을 없애는 열 가지 방법

1) 이 주제에 대해 도움이 될 만한 책은 다음을 보라. Sam Allberry, *What God Has to Say about Our Bodies: How the Gospel Is Good News for Our Physical Selves* (Wheaton, IL: Crossway, 2021) ; 샘 올베리, 『하나님은 우리 몸에 대해 뭐라고 말씀하실까?』, 황영광 역, 생명의말씀사.
2) C. S. Lewis, *The Chronicles of Narnia*(New York: HarperCollins, 2001), 299 ; C. S. 루이스, 『나니아 연대기』, 햇살과나무꾼 역, 시공주니어.
3) Basil the Great, Homily 20.1, "On Humility", http://www.lectionarycentral.com/trinity11/Basil.html.

4. 겸손한 리더십: 자유의 문화 만들기

1) 이 단락과 다음 장의 일부는 내가 쓴 다음 글에서 가져왔다. "Keep Learning to Lead: Five Practical Lessons", Desiring God, 2017년 2월 23일, https://www.desiringgod.org/articles/.

5. 동료 사이의 겸손: 시기심과 경쟁심 극복하기

1) C. S. Lewis, *Mere Christianity*, in *The Complete C. S. Lewis Signature Classics*(San Francisco: HarperSanFrancisco, 2002), 103 ; C. S. 루이스, 『순전한 기독교』, 장경철, 이종태 역, 홍성사.
2) *The Works of Jonathan Edwards*, ed. Edward Hickman (Edinburgh: Banner of Truth, 1979), 1:398-399.
3) Thomas Aquinas, *Summa Theologica* II, Q. 36, trans. Fathers of the English Dominican Province (Notre Dame, IN: Christian Classics, 1948).
4) Derek Kidner, *Psalms 73-150*(Downers Grove, IL: IVP Academic, 1975), 291 ; 데렉 키드너, 『키드너 시편 주석 하권』, 김경태 역, 다산글방.
5) Charles Swindoll, "Playing Second Fiddle", Insight for Today, 2021년 1월 14일, https://insight.org/resources/daily-devotional/individual/playing-second-fiddle.
6) Dane C. Ortlund, *Gentle and Lowly: The Heart of Christ for Sinners and Sufferers*(Wheaton, IL: Crossway, 2020) ; 데인 오틀런드, 『온유하고 겸손하니』, 조계광 역, 개혁된실천사.
7) 이 질문은 코리 텐 붐이 받은 것으로 알려졌지만 정확한 출처는 파악할 수 없다.
8) C. S. Lewis, *The Chronicles of Narnia*(New York: HarperCollins, 2001), 275 ; C. S. 루이스, 『나니아 연대기』, 햇살과나무꾼 역, 시공주니어.

6. 리더를 향한 겸손: 순종의 참뜻 이해하기

1) "The 95 Theses", https://www.luther.de/en/95thesen.html.
2) 이 장의 결론은 내가 쓴 다음 글에서 가져왔다. "How Not to Help a Sufferer", The Gospel Coalition, 2017년 2월 18일, https://www.thegospelcoaltion.org/.

결론

1) Basil the Great, Homily 20.7, "On Humility", http://www.lectionarycentral.com/trinity11/Basil.html.
2) Augustine, *The City of God* 14.13 (New York: Random House, 2010), 461 ; 아우구스티누스, 『하나님의 도성』, 조호연, 김종흡 역, CH북스.
3) Jonathan Edwards, *Charity and Its Fruits: Living in the Light of God's Love*, ed. Kyle Strobel (Wheaton, IL: Crossway, 2012), 159 ; 조나단 에드워즈, 『사랑』, 서문강 역, 청교도신앙사.

부록

1) 부록의 일부는 내가 쓴 다음 글에서 가져왔다. "3 Ways to Keep Social Media from Stealing Your Joy", The Gospel Coalition, May 2, 2020, https://www.thegospelcoalition.org/.
2) Charles H. Spurgeon, "Hands Full of Honey", a sermon preached at the Metropolitan Tabernacle on January 28, 1883, www.spurgeon.org.

사명선언문

너희가 흠이 없고 순전하여……세상에서 그들 가운데 빛들로
나타내며 생명의 말씀을 밝혀 _ 빌 2:15-16

1. 생명을 담겠습니다
만드는 책에 주님 주신 생명을 담겠습니다.
그 책으로 복음을 선포하겠습니다.

2. 말씀을 밝히겠습니다
생명의 근본은 말씀입니다.
말씀을 밝혀 성도와 교회의 성장을 돕겠습니다.

3. 빛이 되겠습니다
시대와 영혼의 어두움을 밝혀 주님 앞으로 이끄는
빛이 되는 책을 만들겠습니다.

4. 순전히 행하겠습니다
책을 만들고 전하는 일과 경영하는 일에 부끄러움이 없는
정직함으로 행하겠습니다.

5. 끝까지 전파하겠습니다
모든 사람에게, 땅 끝까지, 주님 오시는 그날까지
복음을 전하는 사명을 다하겠습니다.

서점 안내

광화문점	서울시 종로구 새문안로 69 구세군회관 1층 02)737-2288 / 02)737-4623(F)
강남점	서울시 서초구 신반포로 177 반포쇼핑타운 3동 2층 02)595-1211 / 02)595-3549(F)
구로점	서울시 동작구 시흥대로 602, 3층 302호 02)858-8744 / 02)838-0653(F)
노원점	서울시 노원구 동일로 1366 삼봉빌딩 지하 1층 02)938-7979 / 02)3391-6169(F)
일산점	경기도 고양시 일산서구 중앙로 1391 레이크타운 지하 1층 031)916-8787 / 031)916-8788(F)
의정부점	경기도 의정부시 청사로47번길 12 성산타워 3층 031)845-0600 / 031)852-6930(F)
인터넷서점	www.lifebook.co.kr